LITURGIA
Manual de Iniciación

JOSÉ LUIS GUTIÉRREZ

LITURGIA
Manual de Iniciación

Quinta edición

EDICIONES RIALP
MADRID

© 2014 by José Luis Gutiérrez
© 2024 *by* EDICIONES RIALP, S. A.
Manuel Uribe 13-15, 28033 MADRID
(www.rialp.com)

Primera edición: mayo 2006
Quinta edición: octubre 2024

Con aprobación eclesiástica del Arzobispado
de Madrid, abril 2006.

ISBN: 978-84-321-6847-5
Depósito legal: M-16660-2024
Impreso en Service Point, Madrid

ÍNDICE

PRESENTACIÓN

La búsqueda del significado más profundo del culto de la Iglesia ha constituido un fenómeno muy característico del pensamiento eclesial del siglo XX; años que han visto el nacimiento de una disciplina nueva en el conjunto de saberes teológicos: la ciencia litúrgica. En consonancia con los últimos desarrollos magisteriales, en estas páginas contemplaremos la liturgia desde el horizonte de «la admirable unidad del misterio de Dios y de su designio de salvación»[1] y ofreceremos una aproximación básica al misterio del culto. Al hilo de las aportaciones del concilio Vaticano II y del Catecismo de la Iglesia Católica, consideraremos la liturgia como **celebración del misterio de Cristo para la vida de la Iglesia**[2]. De aquí que, el hecho de la **presencia, manifestación** y **comunicación** sacramentales del misterio de Cristo[3] en la mediación **ritual** del **culto** subyacerá siempre, de un modo más o menos explícito, como presupuesto de toda nuestra exposición.

Por su carácter de iniciación, nos hemos ocupado tan sólo de algunas de las cuestiones que, a nuestro entender, se encuentran en el núcleo mismo del hecho litúrgico. Un tratamiento sistemático de todos los aspectos que configuran el culto de la

---

[1] Juan Pablo II, constitución apostólica *Fidei Depositum* (11-X-1992) 3.
[2] Cfr. CCE 1068. • [3] Cfr. CCE 1076.

Iglesia, en sus niveles teológico, histórico, pastoral, espiritual y disciplinar, excede el propósito y las intenciones de los editores. En el ámbito de la estricta teología litúrgica, hemos procurado mostrar, en capítulos diferenciados, tres aspectos centrales de la inteligencia de la liturgia: la íntima e inseparable relación de las dimensiones de santificación y culto en la celebración sacramental; la preeminencia del obrar trinitario en la acción litúrgica; y la presencia y manifestación del misterio de Cristo en los ritos eclesiales. Nos hemos detenido con cierto detalle en la descripción de las tradiciones litúrgicas del Occidente latino y del Oriente cristiano, para facilitar el *conocimiento mutuo* auspiciado por Juan Pablo II y por Benedicto XVI. Por otra parte, como los sacramentos de la Iglesia poseen un espacio propio en el proyecto editorial de la «Biblioteca de Iniciación Teológica», en los capítulos correspondientes a la celebración de los sacramentos se tratan aquellas dimensiones —teológicas y rituales— únicamente estudiadas por la ciencia litúrgica, a partir de la praxis de la tradición romana[4]. Para no sobrepasar la extensión propia de la «Biblioteca de Iniciación», se ha prescindido del tratamiento de la liturgia de las horas y de las otras realidades litúrgicas que la tradición denomina como sacramentales. No obstante, sí se expone con detenimiento el año litúrgico, por su incidencia directa en la vida espiritual de los fieles y en su experiencia habitual de la celebración de los misterios del culto. Cierran el estudio unos apuntes sobre la vida litúrgica, por su carácter de fuente y culmen de la existencia cristiana, con una clarificación acerca de la naturaleza de la participación de los fieles en los misterios del culto.

---

[4] Para las cuestiones propias de la teología sistemática y de la disciplina canónica y moral de los sacramentos, vid. en esta misma colección: E. Moliné, *Los siete sacramentos*, Madrid 1998 y J. López Ortiz, *Conocer a Dios II: la fe celebrada*, Madrid 2004.

SIGLAS Y ABREVIATURAS

CCE   Catecismo de la Iglesia Católica
CIC   Código de Derecho Canónico 1983
CR   Calendario Romano, *Normas universales sobre el año litúrgico y sobre el calendario* (21-III-1969)
DD   Juan Pablo II, carta apostólica *Dies Domini* (31-V-1998)
DH   Heinrich Denzinger-Peter Hünermann, *El magisterio de la Iglesia*, Herder, Barcelona 1999.
DPAC   Institutum Patristicum Augustinianum, *Diccionario Patrístico y de la Antigüedad cristiana*, Ediciones Sígueme, Salamanca 1991.
FC   Juan Pablo II, exhortación apostólica *Familiaris consortio* (22-XI-1981).
Fpasch Congregación para el Culto divino, *carta circular sobre la preparación de las fiestas pascuales* (16-I-1988)
IGMR   Congregación para el Culto divino, *Institutio Generalis Missalis Romani* (20-IV-2000 [2002])
LG   Concilio Vaticano II, constitución *Lumen Gentium* (21-XI-1964)
MD   Pío XII, carta encíclica *Mediator Dei* (20-XI-1947)
NDL   D. Sartore-A.M. Triacca (dir.), *Nuevo Diccionario de Liturgia*, Ediciones Paulinas, Madrid 1987
OICA   Rituale Romanum: *Ordo Initiationis Christianae Adultorum* (6-I-1972)

11

OBP   Rituale Romanum: *Ordo Baptismi Parvulorum* (15-V-1969)
OC   Pontificale Romanum: *Ordo Confirmationis* (22-VIII-1971)
OL   Juan Pablo II, carta encíclica *Orientale Lumen* (2-V-1995)
OP   Rituale Romanum, *Ordo paenitentiae* (2-XII-1973)
PdV   Juan Pablo II, exhortación apostólica *Pastores dabo vobis* (22-III-1992).
SC   Concilio Vaticano II, constitución *Sacrosanctum Concilium* (4-XII-1963)
TMA   Juan Pablo II, carta apostólica *Tertio millenio adveniente* (10-XI-1994)

Capítulo I

LA TEOLOGÍA DE LA LITURGIA EN EL SIGLO XX

Cuando, en los siglos XII y XIII, la teología abordó el estudio sistemático de las celebraciones sacramentales del culto de la Iglesia, se partió de una neta distinción entre su significado y esencia (*sacramento*), y aquello que, según se pensaba, pertenecía sólo a su ornato y significación (*rito*). Desde entonces y hasta el siglo XX, la teología sacramentaria se ocupó de los signos sacramentales en cuanto medios de santificación; mientras el culto, reducido a sus expresiones externas o a sus disposiciones interiores, quedó en el ámbito de la teología moral —en cuanto ejercicio de la virtud de la religión—, aun siendo, por sus desarrollos rituales, objeto también de un estudio histórico o canónico.

Los teólogos medievales tenían conciencia de que las dimensiones de santificación y culto, de sacramento y rito, eran, en realidad, inseparables. Así, cuando Tomás de Aquino anuncia el estudio de los actos exteriores de culto, incluye entre ellos a los sacramentos[1]; y, en consecuencia, en la introducción del tratado de teología sacramentaria, afirma que «en el hecho sacramental se pueden contemplar dos aspectos: el culto divino y la santificación de los hombres»[2]. No obstante, al no disponer

---

[1] Cfr. Tomás de Aquino, *Summa Theologiae* II-II, 89.
[2] *Ibid.* III, 60:5.

la teología de aquella época de instrumentos de trabajo conceptual adecuados, se llegó con el tiempo a una excesiva separación entre los aspectos considerados teológicos (*sacramento*) y los que se entendían como exclusivamente antropológicos (*rito*). En consecuencia, desde el comienzo de la era moderna, la liturgia se identificó con el conjunto de gestos (ceremonias) que acompañan al *sacramento*; ritos venerables, por su tradición, y regulados canónicamente, por su naturaleza eclesial, pero carentes de toda relación directa con el misterio de salvación celebrado[3].

En el siglo XX, el llamado *movimiento litúrgico* se esforzó por conseguir una noción integral de liturgia que recuperara la comprensión unitaria de la naturaleza sacramental del culto, armonizando las dimensiones previamente separadas. Se trataba, en definitiva, de alcanzar una concepción que superara la idea del culto como algo reducido a ceremonia o protocolo y una consideración del sacramento que no tuviera en cuenta el contexto ritual de su celebración.

A la vista de lo que había ocurrido en los siglos precedentes, la separación entre liturgia y sacramentos tan sólo podía cerrarse a partir de una interpretación que recuperase la íntima relación entre el misterio de Cristo y su celebración en el culto. En el presente capítulo, se va a describir, precisamente, este proceso teológico.

1. El movimiento litúrgico

La afirmación del concilio Vaticano II del principio «liturgia, ejercicio de la obra de la redención»[4] constituyó, sin duda, uno de los frutos más representativos del continuado esfuerzo

---

[3] Tal es el significado de *liturgia* que recoge el Diccionario de la Real Academia Española: «orden y forma con que se llevan a cabo las ceremonias de culto en las distintas religiones».

[4] Cfr. SC 2

de renovación pastoral y teológica iniciado en la Iglesia durante el siglo XX. Esta comprensión de la liturgia debe buena parte de sus presupuestos doctrinales al trabajo emprendido por los autores del llamado *movimiento litúrgico* (1909-1963): se trata de una corriente de opinión que pretendía «restablecer el culto divino en la pureza y plenitud que le son necesarias para proclamar la gloria de Dios e iniciar a los fieles en las riquezas del mundo de la gracia»[5], tarea para la que resultaba imprescindible una apropiada concepción del hecho litúrgico[6].

Las raíces del *movimiento litúrgico* se hunden en la restauración monástica iniciada en Francia por **Prosper Guéranger** (1805-1875) y en las disposiciones reformadoras del pontificado de **san Pío X** (1903-1914), encaminadas a la *participación activa* de los fieles en los misterios del culto, fuente de la vida auténticamente cristiana[7]. No obstante, su primera manifestación pública puede ser considerada el Congreso celebrado en Malinas (Bélgica), en 1909, promovido por **Lambert Beauduin** (1873-1960). En esa ocasión, por vez primera, un número considerable de voces mostró su propósito de sustentar la vida y espiritualidad cristiana a partir del culto eclesial, por medio de una liturgia celebrada con autenticidad, para contrarrestar los desafíos de un mundo en creciente secularización.

El movimiento litúrgico se encontró con enormes dificultades y profundas polémicas, porque sus esfuerzos se contemplaron con recelo y se vieron acompañados de un intenso y, en ocasiones, áspero debate, tan sólo cerrado con las intervenciones autorizadas de la Sede Apostólica: «el movimiento litúrgico —afirmó **Pío XII** (1939-1958), con palabras posteriormente

---

[5] R. Guardini, *Líneas básicas del movimiento litúrgico*: «Cuadernos Phase» 64, Barcelona 1995, 19.

[6] Una buena síntesis de la historia, objetivos y teología subyacente al movimiento, en P. Fernández Rodríguez [2005] 97-121.

[7] Cfr. Pío X, motu proprio *Tra le sollicitudine* (22-XI-1903).

recogidas en el Concilio Vaticano II— ha aparecido como un signo de las disposiciones providenciales de Dios en el tiempo presente, como un paso del Espíritu Santo por su Iglesia»[8].

El primer periodo del *movimiento litúrgico* (1909-1914) estuvo marcado por la controversia en torno a las relaciones entre liturgia y espiritualidad, piedad objetiva y piedad subjetiva. Según **Maurice Festugière** (1870-1950), la liturgia, lejos de ser una simple institución ceremonial, constituye la auténtica fuente de la vida espiritual de los fieles, y su experiencia es decisiva para la identidad de la fe. Estas afirmaciones fueron acogidas con violentas críticas por representantes de las más afirmadas escuelas de espiritualidad. En un intento de acallar la polémica y calmar los ánimos, Lambert Beauduin ofreció una síntesis equilibrada de las tesis defendidas por M. Festugière. Y, en última instancia, aunque la guerra de 1914 pusiera fin al debate, el espíritu de la corriente de renovación litúrgica había ganado nuevos adeptos.

La segunda fase del *movimiento* ocupa el periodo de entreguerras (1918-1939). Su centro vital se había desplazado al mundo germánico, donde **Ildefons Herwegen** (1874-1946), abad del monasterio renano de Maria Laach, había concebido un ambicioso proyecto para la formación litúrgica de sus monjes, y también del clero secular, profesores y estudiantes universitarios. En este contexto, de la mano de **Odo Casel** (1886-1948), el movimiento litúrgico se ocupó de las cuestiones teológicas objeto de debate. En estrecho contacto con tal ambiente, el entonces joven sacerdote **Romano Guardini** (1885-1968) llevó a cabo novedosos estudios de antropología litúrgica y programas prácticos de celebraciones de culto para universitarios. Por otra parte, **Pius Parsch** (1884-1954) escribió atinados comentarios al misal y al breviario y sobre el año litúrgico.

---

[8] Pío XII, *Acta Apostolicae Sedis* 48 (1956) 712. Cfr. SC 43.

16

Este fructífero periodo se cerró con una gran crisis, paralela a la II Guerra Mundial (1939-1944). La controversia versó tanto acerca de la relación entre la piedad objetiva o litúrgica y la devoción o piedad subjetiva, como sobre algunas cuestiones prácticas[9]; mientras, en un plano estrictamente teológico, crecía el debate en torno a la visión *mistérica* de la liturgia, propuesta y defendida por Odo Casel. La situación, altamente crítica en unos momentos históricamente muy difíciles para la Iglesia en Alemania, hizo temer una división profunda entre los fieles y entre el mismo episcopado. De aquí que, entre 1942 y 1943, se sucedieran las comunicaciones entre el episcopado y la santa Sede. La respuesta definitiva de Roma declaraba las intenciones positivas del movimiento, al tiempo que manifestaba sus reservas frente a posibles exageraciones.

El fin de la guerra y las intervenciones de **Pío XII** dieron inicio, en un clima más sereno, a la tercera fase del movimiento (1947-1963), caracterizado por el impulso renovador y por algunas concreciones prácticas de reforma. Precedida por una carta del cardenal secretario de Estado (diciembre de 1943), en la que, si bien con algunas reservas, se certificaba la validez de las intenciones del *movimiento litúrgico*, la publicación de la encíclica *Mediator Dei* (20-XI-1947) supuso el reconocimiento oficial de los valores de la corriente. De este modo, el documento pontificio quedó convertido en la *carta magna* de la renovación litúrgica que el movimiento promovía.

Al calor de la encíclica, se multiplicaron las iniciativas encaminadas hacia una mayor profundización en la teología y en la pastoral litúrgicas. De este modo, surgieron o recibieron un nuevo impulso los centros de estudios litúrgicos, la publicación

---

[9] Principalmente, las relativas a la celebración con *altares vueltos hacia el pueblo* y a la legitimidad de las llamadas *misas dialogadas*, en las que, frente a la praxis en uso aunque respetando el derecho vigente, los fieles participaban con sus respuestas y cantos.

de revistas especializadas y la celebración de congresos internacionales. Especial relevancia tuvo el *Congreso de Asís* (1956) que, con una amplísima participación de la jerarquía eclesiástica, fue clausurado por una histórica audiencia de Pío XII en Roma. En dicho congreso, algunas intervenciones, como la de **Josef Andreas Jungmann** (1889-1975), abrieron la vía hacia la reforma litúrgica del concilio Vaticano II, al plantear las necesidades pastorales como la clave de todos los desarrollos de la historia del culto.

En un terreno más práctico, los deseos de renovación se concretaron en la aplicación de algunas medidas, como la restauración de la Vigilia Pascual (1951) y de la entera Semana Santa (1955), aspectos parciales de un vasto proyecto de reforma general que no llegó a madurar, a causa de la convocación del concilio. Los trabajos emprendidos no resultaron vanos, pues sirvieron como fundamento para los esquemas de la comisión preparatoria conciliar. Con el anuncio del Concilio (1959) y la promulgación de la constitución *Sacrosanctum Concilium* (1963), se cierra el ciclo del «movimiento litúrgico» y se inicia la etapa de la reforma y de la renovación conciliares.

2. Lambert Beauduin

Corresponde a **Lambert Beauduin** (1873-1960), monje benedictino belga, el mérito de la búsqueda y adopción de una noción teológica de la liturgia. Encontró esta posibilidad en la determinación eclesial del culto cristiano: «la liturgia es el culto de la Iglesia»[10]. Lambert Beauduin consideraba, en efecto, que si bien el término *culto* expresa adecuadamente todo el conjunto de

---

[10] L. Beauduin, *Essai de manuel fondamental de Liturgie:* «Les Questions liturgiques (et paroissiales)» 3-6 (1912-1921), en «Melanges liturgiques», Louvain 1954, 37.

actos —internos o externos, públicos o privados— propios del ejercicio de la virtud de la religión, por liturgia debía entenderse tan sólo aquellas acciones cultuales que tienen esencialmente un carácter eclesial; ahora bien, *eclesial* entiende a la Iglesia no en un sentido primariamente institucional, sino teológico, en cuanto continuación del misterio de Cristo en el tiempo.

Entender la Iglesia como extensión en la historia de la persona y de la obra de Cristo comportaba superar toda consideración del culto como algo reducido a categorías meramente humanas: la liturgia es una realidad en sí misma teológica por la constitución cristológica de la Iglesia.

«La fuerza innovadora de esta sencilla definición [liturgia, culto de la Iglesia] reside en la palabra *Iglesia*, que especifica en sentido formalmente cristiano el *culto*. Éste, en efecto, recibe de la Iglesia su propio carácter público y comunitario, pero no en un sentido que asimile el culto cristiano a cualquier culto que emane de una sociedad cualquiera que lo establece por ley, sino en el sentido de que la Iglesia, por ser en el mundo la continuación de Cristo, ejerce ese culto especial y enteramente perfecto que Cristo dio al Padre en su vida terrena»[11].

Por consiguiente, como culto de la Iglesia y, en consecuencia, lugar de la presencia viva de Cristo, la liturgia se manifiesta en sí misma como ejercicio del sacerdocio del Verbo encarnado[12]. De aquí que el carácter cultual de la liturgia deriva no tanto de su dimensión ritual, como de su constituir el momento en el que Cristo conforma a la Iglesia como su Cuerpo místico: la liturgia no es culto por su forma externa solemne, sino porque en sus sacramentos los fieles son incorporados a Cristo como miembros de su Cuerpo, para dar al Padre la alabanza auténtica y verdadera[13].

---

[11] S. Marsili, *Liturgia:* NDL 1147.
[12] Cfr L. Beauduin, *Essai de manuel...* 79.
[13] Cfr. *ibid.* 77-78.

Esta perspectiva cristo-eclesiológica sirvió, años más tarde, de fundamento teológico para la doctrina litúrgica de la encíclica *Mediator Dei*. Pero, además, el benedictino belga puede ser considerado un precursor del concilio Vaticano II. En efecto, su concepción de la obra redentora de Dios como una realidad sobrenatural siempre presente y operante en el culto de la Iglesia, cuyo centro vital es Cristo glorioso[14], anticipaba lo que en el concilio desembocaría en la apertura de la consideración histórico-salvífica de la liturgia.

3. Pío XII y la encíclica Mediator Dei

Nacida en el contexto polémico de las controversias litúrgicas de la primera mitad del siglo XX, la **encíclica *Mediator Dei*** —publicada por Pío XII el 20 de noviembre de 1947— constituye el primer documento magisterial que, de manera orgánica y estructurada, trata de la naturaleza del culto de la Iglesia. Y aunque en último término su promulgación obedeciera a razones disciplinares, el documento, al encauzar los aspectos objeto de litigio, sancionó de manera definitiva el carácter estrictamente teológico de la liturgia, abriendo así los cauces desarrollados más tarde por el concilio Vaticano II.

La encíclia rechaza toda reducción de la liturgia a sus aspectos externos, fenomenológicos: «no tienen, pues, noción exacta de la sagrada liturgia los que la consideran como una parte sólo externa y sensible del culto divino o un ceremonial decorativo; ni se equivocan menos los que la consideran como un mero conjunto de leyes y de preceptos con que la jerarquía eclesiástica ordena el cumplimiento de los ritos»[15]; a la vez, subraya la naturaleza auténticamente teológica del culto, derivada de su

---

[14] Cfr. *ibid.* 76. • [15] MD 38.

constitución cristo-eclesiológica: la liturgia continúa en la Iglesia el ejercicio del sacerdocio (*sacerdotale munus*) de Cristo[16].

El punto de partida para comprender la liturgia es, pues, según *Mediator Dei,* Cristo mismo, en su condición de Verbo encarnado y, por tanto, de sacerdote y mediador único entre Dios y los hombres[17]. La encíclica considera, en efecto, que la encarnación del Verbo reviste un fin cultual: glorificar al Padre y santificar a los hombres; culto que Cristo dio durante toda su vida terrena por su sumisión a la voluntad del Padre, y consumó de manera definitiva en la oblación de su sacrificio en la cruz[18]. De esta manera, el culto de Cristo al Padre, de carácter esencialmente interior —el sacrificio de su obediencia—, quedó manifestado, cumplido y comunicado, de una vez para siempre, por un acto exterior de oblación: su muerte en la cruz, síntesis de toda su obra sacerdotal.

Una vez instituido y hecho, fue voluntad de Cristo que su culto auténtico, interior y exterior a un tiempo, continuara ininterrumpidamente en su Iglesia[19]. Y, así, el momento cristológico del culto queda perpetuado, cronológica y teológicamente, por el momento eclesiológico: el culto sacerdotal de Cristo permanece hoy en su Iglesia porque, durante el transcurso de los siglos, el divino redentor está siempre presente en la liturgia eclesial como Cabeza de su Cuerpo. De aquí que la naturaleza de la Iglesia y de su culto, en cuanto signos eficaces de la presencia sacerdotal de Cristo, sea de carácter sacramental.

La Iglesia, en cuanto continúa en el tiempo el misterio de la encarnación de Cristo, tiene una finalidad cultual; dimensión que la encíclica ve precisamente realizada, de modo primario, mediante la liturgia[20]. La liturgia de la Iglesia no es, por tanto,

---

[16] «La Iglesia, pues, fiel al mandato recibido de su Fundador, continúa el oficio sacerdotal de Jesucristo, sobre todo mediante la sagrada liturgia»: MD 5. Cfr., también, MD 4 y 32.
[17] Cfr. MD 1. • [18] Cfr. MD 2 y 24-25. • [19] Cfr. MD 26.
[20] Cfr. MD 27.

sino la continuación ininterrumpida del ejercicio del sacerdocio de Cristo; es decir, de su culto para la glorificación del Padre y la santificación de los hombres[21].

Al considerar la santificación del hombre como un elemento esencial del concepto de liturgia, la encíclica recuperaba, para la noción de culto, la dimensión descendente perdida desde el comienzo de la modernidad. Tal conquista supuso el restablecimiento de la correcta articulación entre los sacramentos y la liturgia. En efecto, como ya se ha indicado, desde la ruptura entre las dimensiones latréutica (adoración) y soteriológica (santificación) del culto, los sacramentos se habían considerado «liturgia» exclusivamente en virtud de la solemnidad y el carácter público de los ritos que acompañan al signo esencial. Con la nueva perspectiva, toda la celebración litúrgica —y no sólo un momento— es considerada sacramental, al tiempo que los sacramentos en cuanto tales son contemplados como las realidades centrales y los constitutivos esenciales de la acción litúrgica, en virtud de su carácter de continuación perenne en la Iglesia del sacerdocio redentor de Cristo.

De este modo, para la encíclica *Mediator Dei*, la liturgia, vista en su contenido teológico, es «la continuación del oficio sacerdotal de Cristo» o, sin más, «el ejercicio del sacerdocio de Cristo»; mientras que, considerada a partir de su celebración, es «el culto público del Cuerpo místico de Jesucristo»[22]. La liturgia es, así, en definitiva, la acción cultual unitaria de Cristo y de su Iglesia, para la glorificación de Dios y la santificación

---

[21] Cfr. MD 32.

[22] «La sagrada liturgia es, por consiguiente, el culto público que nuestro Redentor tributa al Padre como Cabeza de la Iglesia, y el que la sociedad de los fieles tributa a su Fundador y, por medio de Él, al Eterno Padre: es, diciéndolo brevemente, el completo culto público del Cuerpo místico de Jesucristo, es decir, de la Cabeza y de sus miembros»: MD 29.

del hombre: culto de la Iglesia *en* y *por* Cristo, y culto de Cristo *en* y *por* la Iglesia[23].

La posición subalterna que la encíclica encuentra en la Iglesia-Cuerpo respecto a Cristo-Cabeza comporta dos importantes consecuencias: a) la liturgia es primariamente —con prioridad temporal y ontológica— culto de Cristo, siéndolo de la Iglesia sólo por participación: la liturgia no es, por consiguiente, sino el culto de Cristo transmitido, continuado y participado en la Iglesia. b) La liturgia, por tanto, no es culto por ser expresión ritual de la naturaleza social de la Iglesia, sino por ser ámbito de la presencia perenne de Cristo-Cabeza en su Cuerpo[24].

Con estas claras referencias a Cristo y a la Iglesia, la encíclica *Mediator Dei* otorgó a la liturgia un definitivo estatuto teológico. La perspectiva antropológica, que había caracterizado las aproximaciones anteriores al movimiento litúrgico, había dado paso a una auténtica teología del culto: lejos de ser considerada como una simple manifestación religiosa —obra del hombre que busca a Dios—, la liturgia comenzó a ser contemplada como el ejercicio del sacerdocio de Cristo en su Iglesia y, por tanto, una obra de Dios.

4. La «doctrina de los misterios» de Odo Casel

La concepción cristo-eclesiológica de la liturgia, abierta por Lambert Beauduin y sancionada en la encíclica *Mediator Dei* de Pío XII, había supuesto para la comprensión del hecho li-

---

[23] Cfr. S. Marsili, *La Liturgia, momento storico della salvezza*: Pontificio Istituto Liturgico, *Anàmnesis 1: La Liturgia, momento nella storia della salvezza*, Genova 1991, 82.
[24] *Ibid.*

túrgico tanto la confirmación de su naturaleza teológica, como la recuperación de la dimensión santificadora del culto. Faltaba, sin embargo, una comprensión de la acción litúrgica que explicara, de modo adecuado, la relación entre los hechos histórico-salvíficos de la vida de Cristo y su celebración en el culto de la Iglesia. En otras palabras, era necesario dar razón de la presencia de la obra redentora de Cristo en la liturgia, de manera que los ritos de culto no fueran simplemente considerados ocasión —ejercicio— para administrar los «tesoros de la gracia» abiertos por su sacrificio.

Se requería, por tanto, restituir a la comprensión del culto su carácter de continuación-perpetuación de los misterios de la vida de Cristo, no sólo en su aspecto de continuidad temporal, sino también —y fundamentalmente— en su realidad de presencia siempre actual del hecho histórico mismo de la salvación. Para esto, debía clarificarse teológicamente que la liturgia, además de ser ejercicio de la obra del redentor (*opus redemptoris*), es en sí misma actuación de la obra redentora (*opus nostrae redemptionis*) y, por consiguiente, presencia no sólo de la persona de Cristo, sino también de su misterio de salvación.

Otro benedictino, **Odo Casel** (1886-1948), por caminos del todo personales, propuso comprender la liturgia como la presencia ritual de la obra redentora de Cristo. En efecto, al benedictino alemán se debe, en gran parte, la recuperación de la consideración de los sacramentos como «misterios» del único *misterio* de salvación obrado por Dios en la historia; noción que, aunque bastante común en la literatura patrística, había quedado progresivamente olvidada.

Partiendo de que la liturgia es, sin duda, el «culto de la Iglesia», Odo Casel se pregunta si esta definición debe ser primariamente entendida en el sentido de un concepto genérico de culto de carácter universal, válido para todas las manifestaciones religiosas y sólo posteriormente determinado, cronológica y teológicamente, por la noción de Iglesia[25], o si más bien expresa una realidad específica, proveniente de su pertenencia al orden del designio histórico de salvación. Y en esas condiciones, en virtud de su conocimiento profundo de la teología de los Padres y de la meditación atenta de las fuentes litúrgicas, intuye que no es posible alcanzar una comprensión plena de la liturgia, sino como prolongación eclesial de los misterios redentores de la vida de Cristo.

De aquí que, conforme a la doctrina cristo-eclesiológica de san Pablo y a las fórmulas de los textos litúrgicos de la tradición eclesial, Odo Casel concluya que las celebraciones de culto actualizan, según sus distintas y propias modalidades, el único misterio de nuestra salvación: «el misterio de Cristo es, según las cartas de san Pablo, Jesucristo mismo en su realidad total; es decir, la revelación de Dios en su Hijo encarnado; revelación que culmina en la muerte sacrificial y en la glorificación del Señor. El misterio del culto, en cambio, es la actualización de la presencia y la renovación ritual del misterio de Cristo, de manera que nosotros podamos entrar a formar parte del mismo»[26].

Los misterios del culto no son, por consiguiente, un simple recuerdo subjetivo de la obra redentora de Cristo, ni siquiera un mero ejercicio o administración de sus efectos, sino su presencia objetiva, su conmemoración ritual en gestos y palabras (*anámnesis*): fiel al mandato de su Señor («haced esto en conmemoración [anámnesis] mía»), la Iglesia, en la liturgia, hace presente la acción salvadora de su redentor, ya que en la celebración del culto Cristo mismo está presente y obra por la Iglesia y con la Iglesia[27].

---

[25] Este era el marco general de la liturgia, tanto en la obra de Lambert Beauduin (cfr. L. Beauduin, *o.c.*, p. 37), como en la encíclica *Mediator Dei* (cfr. MD 18-23), si bien en ambos casos no debe ser entendido de un modo antropológico —fenomenología de las religiones—, sino estrictamente teológico.

[26] O. Casel, *Il mistero del culto cristiano*, Borla, Roma 1985, 167.

[27] *Ibid.* 178.

De este modo, la liturgia de la Iglesia es, en sí misma, participación en el único misterio de la salvación: la vida de Cristo. En los ritos (misterios) del culto, el misterio redentor está presente y operante para que el cristiano alcance la progresiva configuración sacramental con Cristo. Por consiguiente, en la liturgia no sólo se actúa (se administra) el efecto —*virtus*— de la redención obrada por Cristo —*opus redemptoris*—, sino que también se «re-presenta» (se hace presente) la misma obra de nuestra redención —*opus nostrae redemptionis*—, cumplida de una vez para siempre en la bienaventurada pasión y glorificación de nuestro Señor[28]. De aquí que la liturgia pueda ser válidamente comprendida como «el misterio de Cristo y de la Iglesia»[29]; o mejor aún, «la acción ritual de la obra de la salvación de Cristo; es decir, la presencia, bajo el velo de los símbolos, de la obra salvífica de la redención»[30].

Por este camino, Odo Casel recuperaba para la reflexión teológica la presencia objetiva, en la liturgia, del acontecimiento salvífico de Cristo. La vía hacia la doctrina conciliar —más tarde desarrollada y profundizada por el Catecismo de la Iglesia—, de la liturgia como celebración —manifestación, presencia y comunicación[31]— de la obra de nuestra redención[32], el misterio pascual de Cristo[33], había quedado definitivamente abierta.

---

[28] Y precisamente de esta presencia de Cristo y de su acontecimiento de salvación en la liturgia deriva la presencia eficaz de su efecto: la gracia: vid. O. Casel, *Fede, gnosi e mistero*, Padova 2001.

[29] Cfr. O. Casel, *Il mistero... 73*.

[30] Cfr. O. Casel, *Mysteriengegenwart*: «Jahrbuch für Liturgiewissenschaft» 8 (1928) 145.

[31] Cfr. CCE 1076. • [32] Cfr. SC 2.

[33] «En la liturgia, la Iglesia celebra principalmente el misterio pascual por el que Cristo realizó la obra de nuestra salvación»: CCE 1067.

Capítulo II

LA LITURGIA, OBRA
DE LA SANTÍSIMA TRINIDAD

Celebrar la liturgia es comprender que «el Señor es Dios y se nos ha manifestado»[1]; advertir —«contemplar»: ver, escuchar, sentir, gustar— en los signos y acciones simbólicas del hecho sacramental la manifestación y presencia de Dios: «la liturgia es en primer lugar una *teofanía*: Dios manifiesta su fuerza, y el hombre le reconoce, le adora y le glorifica»[2].

«La comprensión de la liturgia es más completa y coherente cuando se la sitúa en la perspectiva que le es connatural, es decir, dentro de la economía salvífica proyectada y revelada por el Padre, cumplida por el Hijo y Señor nuestro Jesucristo y llevada a cabo por el Espíritu Santo en la etapa de la Iglesia».[3]

Acerca de la verdad radical de Dios, el dogma enuncia tres personas (*hipostasis*) y una sola naturaleza o esencia (*ousia*): «no hay más que un sólo Dios, el Padre todopoderoso y su Hijo único, y el Espíritu santo: la santísima Trinidad»[4]. La unidad divina es trina[5] y la liturgia no cesa de invocar y celebrar este

---

[1] Liturgia bizantina: aclamación de los fieles en la *Divina Liturgia de San Juan Crisóstomo*, cuando el diácono abre las puertas del santuario y presenta a la asamblea el pan y el vino consagrados para la comunión.

[2] C. Andronikof [1992] 10.

[3] J. López Martín [1994], 19.

[4] CCE 233. • [5] Cfr. CCE 254.

misterio: «yo canto tres personas de una sola naturaleza, hipostáticas por ellas mismas: al Padre no engendrado, al Hijo engendrado y al Espíritu Santo, reino sin comienzo, poder, divinidad única»[6].

La liturgia celebra, por eso, la gloria del Dios tres veces Santo, el esplendor en el tiempo y en el espacio de la eterna comunión en santidad de las tres personas divinas[7]: «nosotros cantamos el triple resplandor de la divinidad una, clamando: Tú eres santo, Padre sin comienzo, Hijo sin comienzo y Espíritu divino»[8].

Eterna expansión de amor[9], la Trinidad Una es vida de comunión, flujo y reflujo de incesante donación y acogida de amor personal: «la comunión divina es una efusión de amor entre los Tres»[10].

1. La Economía del Misterio

En inefable manifestación de benevolencia, al comienzo de los tiempos, la comunión eterna de amor trinitario se dona al mundo: «en el inicio, la comunión de amor de la Trinidad Santa se entrega. Este don es el inicio: el Padre *dona* su Verbo y su Espíritu, y todo es llamado a la existencia»[11]. La comunión eterna de las tres divinas personas consubstanciales es el princi-

---

[6] Liturgia bizantina: doxología de la I oda de maitines del sábado de carnaval, compuesta por san Teodoro Estudita.

[7] «Cuando esta corriente de amor [trinitaria] llegue a desbordarse, esta manifestación de la Santidad escondida se llamará su Gloria»: J. Corbon [2001] 39.

[8] Liturgia bizantina: troparío cuaresmal, compuesto por san Teodoro Estudita (759-826).

[9] «Porque Dios es amor»: 1 Jn 4:8.

[10] J. Corbon [2001] 38.

[11] *Ibid.* 40.

pio de todo lo creado: «entre el ser y la nada no hay otro principio de existencia que el principio trinitario»[12]. De la nada, el Padre, el Hijo y el Espíritu llaman al ser al cosmos.

La creación, como efusión libre y gratuita de la santidad de Dios, manifiesta en el tiempo la gloria eterna del Dios trinitario: «todo es don Suyo, manifestación de su Gloria [...] pura efusión de su Santidad»[13]. De las profundidades de la eterna comunión trinitaria en el amor, nace la vida: «en verdad es justo darte gracias, y deber nuestro glorificarte, Padre santo, porque tú eres el único Dios vivo y verdadero, que existes desde siempre y vives para siempre; luz sobre toda luz. Porque tú solo eres bueno y la fuente de la vida, hiciste todas las cosas para colmarlas de tus bendiciones y alegrar su multitud con la claridad de tu gloria»[14].

La vida es donada al mundo en espera de su acogida. Y, entonces, llega el hombre —«hagamos al hombre a nuestra imagen y semejanza»[15]—, llamado por Dios a ser su «presencia» en el mundo: «a imagen tuya creaste al hombre y le encomendaste el universo entero, para que, sirviéndote sólo a ti, su Creador, dominara todo lo creado»[16]. Y, con el hombre, se inicia la historia, que, desde su origen, vive el drama del rechazo de la comunión gratuitamente donada[17]. Comienza así, en la *economía del misterio*, la historia de la salvación. Nace el «tiempo de las promesas», herido por la ausencia de Dios y su nostalgia en el corazón del hombre, pero aliviado por la espera[18] y encaminado hacia aquel «momento» en el que la vida ofrecida no fuera ya rechazada, sino libremente acogida: «y cuando por desobedien-

---

[12] P. Evdokimov, *Teologia della bellezza*, Cinisello Balsamo 1990, 231.
[13] J. Corbon [2001] 40.
[14] *Misal Romano*: prefacio de la Plegaria eucarística IV.
[15] Cfr. Gen 1:26.
[16] *Misal Romano*: Plegaria eucarística IV.
[17] Cfr. Gen 3.
[18] Cfr. J. Corbon [2001] 42.

cia perdió tu amistad, no lo abandonaste al poder de la muerte, sino que, compadecido, tendiste la mano a todos, para que te encuentre el que te busca. Reiteraste, además, tu alianza a los hombres; por los profetas los fuiste llevando con la esperanza de salvación»[19].

Llega «la plenitud de los tiempos» y la vida es nuevamente donada: el Padre la ofrece al mundo en su Hijo y, por su encarnación, el hombre la acoge en la carne de Cristo, ungida por el Espíritu y asumida por aquel que es el Verbo eterno: «y tanto amaste al mundo, Padre santo, que, al cumplirse la plenitud de los tiempos, nos enviaste como salvador a tu único Hijo. El cual se encarnó por obra del Espíritu Santo, nació de María, la Virgen, y así compartió en todo nuestra condición humana»[20]. Misterio de comunión que no nace del hombre, sino de Aquel, el Padre, que es fuente de vida y amor, y lo ofrece al mundo en su Hijo y en su Espíritu, como efusión de su gloria: «eres santo, todo santo, Tú y tu Hijo unigénito y tu Espíritu. Eres santo, todo santo y magnífica es tu gloria. Tú has amado al mundo hasta el punto de dar a tu Hijo unigénito»[21].

El Hijo eterno, «engendrado antes de todos los siglos» y encarnado en el tiempo «por obra del Espíritu Santo», introduce al hombre en el misterio de la comunión del Dios tres veces santo. De las profundidades del eterno misterio de vida que nace del Padre antes de los siglos nadie puede entrar en comunión, sino a través de su Hijo unigénito, pues «a Dios nadie le ha visto jamás: el Hijo único, que está en el seno del Padre, él lo ha contado»[22], pues sólo conoce al Padre el Hijo, y aquel a quien el Hijo se lo quiera revelar[23].

---

[19] *Misal Romano*: Plegaria eucarística IV.
[20] *Ibid.*
[21] Liturgia bizantina: oración de embolismo posterior al Trisagio, como nexo de unión con el relato de la institución, de la plegaria eucarística de la *Divina Liturgia de San Juan Crisóstomo*.
[22] Jn 1:18. • [23] Cfr. Lc 10:22.

Como recuerda el Catecismo de la Iglesia, los Padres distinguieron «entre la *Theologia* y la *Oikonomia*, designando con el primer término el misterio de la vida íntima del Dios-Trinidad, y con el segundo todas las obras de Dios por las que se revela y comunica su vida. Por la *Oikonomia* nos es revelada la *Theologia*; pero inversamente, es la *Theologia* la que esclarece toda la *Oikonomia*. Las obras de Dios revelan quién es en sí mismo; e inversamente, el misterio de su Ser íntimo ilumina la inteligencia de todas sus obras»[24].

Sólo a través de la misión del Hijo, enviado por el Padre[25] y hecho hombre por obra del Espíritu (*economía* del misterio), se participa en la comunión gloriosa del Dios trinitario (*teología* del misterio): «según la feliz fórmula de los Padres y de los Concilios de los primeros siglos, sólo mediante la *economía* se entra en la *teología*: la Trinidad Santa no se nos revela sino a través de su «designio» de amor»[26], Cristo, el Hijo eterno hecho hombre, «enviado por el Padre al mundo para la salvación de la humanidad»[27].

De este modo, la *economía del misterio* es como un movimiento o diálogo de comunión con la vida íntima trinitaria o *teología del misterio*: por medio de Cristo, en la obra del Espíritu se establece una comunión con la gloria del Padre; este diálogo de comunión tiene una doble dimensión, descendente-ascendente[28], de santificación y de culto, que es expresado históricamente por el anonadamiento y la glorificación de Jesucristo, Verbo de Dios al hombre y por la respuesta del hombre a Dios.

Esto es lo que refleja el himno de san Pablo en su carta a los Filipenses: «Cristo Jesús, siendo de condición divina, no consi-

---

[24] CCE 236. • [25] Cfr. 1 Jn 4:10 y 4:14.
[26] J. Corbon [2001] 38.
[27] Juan Pablo II, *Carta a los sacerdotes* (14-III-1999).
[28] Cfr. Juan Pablo II, *Carta a los sacerdotes* (14-III-1999) 1.

deró como presa codiciable el ser igual a Dios, sino que se ano-
nadó a sí mismo tomando la forma de siervo, hecho semejante
a los hombres; y, mostrándose igual que los demás hombres, se
humilló a sí mismo haciéndose obediente hasta la muerte, y
muerte de cruz. Y por eso Dios lo exaltó y le otorgó el nombre
que está sobre todo nombre; para que al nombre de Jesús toda
rodilla se doble en los cielos, en la tierra y en los abismos, y
toda lengua confiese: ¡Jesucristo es el Señor!, para gloria de Dios
Padre»[29]

Concluida su misión, al volver a la gloria del Padre una vez
cumplida su voluntad mediante el misterio pascual de su pasión y glorificación[30], el Hijo entrega su Espíritu a la Iglesia[31],
para que por su acción santificante, convertidos en hijos en el
Hijo, los hombres entren en comunión con la vida: «para cumplir tus designios, Él mismo se entregó a la muerte y, resuci-
tando, destruyó la muerte y nos dio nueva vida. Y porque no
vivamos ya para nosotros mismos, sino para Él, que por nosotros murió y resucitó, envió, Padre, al Espíritu Santo como pri-
micia para los creyentes, a fin de santificar todas las cosas, llevando a plenitud su obra en el mundo»[32]

En palabras de Juan Pablo II, «la misión del Hijo de Dios
llega a su plenitud cuando Él, ofreciéndose a sí mismo, realiza
nuestra adopción filial y, con el don del Espíritu Santo, hace
posible a cada ser humano la participación en la misma comunión trinitaria. En el misterio pascual, Dios Padre, por medio
del Hijo en el Espíritu Paráclito, se ha inclinado sobre cada
hombre ofreciéndole la posibilidad de la redención del pecado
y la liberación de la muerte»[33].

---

[29] Flp 2:6-11.
[30] «Salí del Padre y he venido al mundo. Ahora dejo el mundo y voy al Padre»: Jn 16:28.
[31] Cfr. Jn 19:30.
[32] *Misal Romano*: Plegaria eucarística IV.
[33] Cfr. Juan Pablo II, *Carta a los sacerdotes* (14-III-1999).

A partir de la pascua —la hora en la que el Hijo del hombre es glorificado por su muerte y resurrección[34]—, el Padre es glorificado en el mundo[35]. Exaltado a la derecha del Padre y participando ya para siempre de la gloria eterna trinitaria también en su carne, Jesucristo abre para el hombre la posibilidad de entrar en comunión con la vida que eternamente fluye de Dios: «porque Jesús, el Señor, el Rey de la gloria, vencedor del pecado y de la muerte, ha ascendido hoy ante el asombro de los ángeles a lo más alto del cielo, como mediador entre Dios y los hombres [...] Ha querido precedernos como cabeza nuestra para que nosotros, miembros de su Cuerpo, vivamos con la ardiente esperanza de seguirlo en su reino»[36].

De ahí que, en el núcleo de la liturgia —la anáfora o plegaria eucarística—, se encuentre la *memoria* del misterio pascual de Cristo: «por eso, nosotros, Señor, al celebrar ahora el memorial de nuestra redención, recordamos la muerte de Cristo y su descenso al lugar de los muertos, proclamamos su resurrección y ascensión a tu derecha; y, mientras esperamos su venida gloriosa, te ofrecemos su Cuerpo y Sangre, sacrificio agradable a ti y salvación para todo el mundo»[37].

Desde la hora pascual, el misterio de la comunión de la santidad divina —*theologia*—, dispensado en el misterio de Cristo —*oikonomia*—, se convierte, en cuanto dado en participación a los hombres mediante el culto de la Iglesia, en liturgia: *leitourgia*.

2. La Liturgia del Misterio

En su verdad más radical, la liturgia de la Iglesia no es «otra cosa en el fondo que la actualización sacramental continuada

---

[34] Cfr. Jn 12:23-26. • [35] Cfr. Jn 12:28.
[36] *Misal Romano*: prefacio I de la Ascensión del Señor.
[37] *Misal Romano*: Plegaria eucarística IV.

de aquel primer acontecimiento por el cual la Palabra-Dios se hizo carne»[38] para santificar a los hombres y dar gloria al Padre. En el misterio de Cristo, la gloria eterna de Dios y la condición histórica del hombre entran en perfecta comunión: «y el Verbo se hizo carne, y habitó entre nosotros, y hemos visto su gloria»[39]. Este «divino comercio»[40] entre Dios y el hombre se expresa en la celebración litúrgica con sentimientos de admiración: «oh Dios, que de modo admirable has creado al hombre a tu imagen y semejanza y de un modo más admirable todavía elevaste su condición por Jesucristo; concédenos compartir la vida divina de aquel que hoy se ha dignado compartir con el hombre la condición humana»[41].

La noción de liturgia, en cuanto presencia actual de la obra y de la persona de Cristo, presupone su constitución según la dialéctica trinitaria de la *economía* del misterio: toda celebración sacramental —y de modo eminente la eucaristía— vive «los tres movimientos de la Pascua de Jesús: el Padre nos dona a su Hijo amado, el Verbo asume nuestra carne y nuestra muerte para que resucitemos con Él, y su Espíritu nos hace entrar en la comunión eterna del Padre»[42]. De aquí que la celebración de la liturgia nos revele el ser radical de Dios: el misterio de la eterna e infinita comunión en la santidad del Padre, del Hijo y del Espíritu Santo, y su efusión al mundo en el misterio de Cristo.

---

[38] S. Marsili, *Teología litúrgica*: NDL 1952.

[39] Jn 1:14. La noción veterotestamentaria de la gloria de Dios -*kabod Yahweh*-, presencia del ser divino en cuanto manifestado a los hombres (cfr. Is 60:1-2), es advertida por el Nuevo Testamento como consumada en el misterio de Cristo.

[40] «Sacrosancta commercia»: *Misal Romano*: oración sobre las ofrendas de la Misa de la noche de la Natividad del Señor.

[41] *Misal Romano*: oración colecta de la Misa del día de la Natividad del Señor. La fórmula, que con toda probabilidad procede de san León Magno, constituye uno de los mejores exponentes literarios y teológicos de la liturgia romana.

[42] J. Corbon [2001] 163.

«Se trata de vivir la liturgia como acción de la Trinidad. El Padre es quien actúa por nosotros en los misterios celebrados; Él es quien nos habla, nos perdona, nos escucha, nos da su Espíritu; a Él nos dirigimos, lo escuchanos, alabamos e invocamos. Jesús es quien actúa para nuestra santificación, haciéndonos partícipes de su misterio. El Espíritu Santo es el que interviene con su gracia y nos convierte en el cuerpo de Cristo, la Iglesia»[43].

Por esto, la liturgia es primariamente *misterio*, acontecimiento y obra trinitaria; presencia siempre actual de la inefable santidad de Dios dada por Cristo en comunión a los hombres: «algunos síntomas revelan un decaimiento del sentido del misterio en las celebraciones litúrgicas, que deberían precisamente acercarnos a él. Por tanto, es urgente que en la Iglesia se reavive el auténtico sentido de la liturgia [...] Con ella, como subraya certeramente también la tradición de las venerables Iglesias de Oriente, los fieles entran en comunión con la Santísima Trinidad, experimentando su participación en la naturaleza divina como don de la gracia. La liturgia se convierte así en anticipación de la bienaventuranza final y participación de la gloria celestial»[44].

Aceptar el «misterio» litúrgico implica comprender que en su celebración acontece la comunión de vida con el Dios tres veces Santo, que en su infinita bondad ha querido hacer partícipe al hombre de su gloria eterna. «La Iglesia existe y vive como efecto de la presencia en ella del poder de la muerte y resurreción del Señor. El Espíritu Santo recuerda todo lo que Cristo ha realizado y descubre el significado salvífico del misterio pascual, pero también hace presente y operante este misterio e introduce a todos los hombres en él»[45].

---

[43] Juan Pablo II, exhortación apostólica *Ecclesia in Europa* (28-VI-2003) 71.
[44] *Ibid.* 70.
[45] J. López Martín [1994], 21.

Todo ello presupone que, lejos de reducirse a su manifestación fenomenológica, la liturgia es en su estructura más profunda una obra trinitaria. En efecto, en cada celebración sacramental del culto «obran los tres actores [el Padre, el Hijo y el Espíritu Santo] de la liturgia eterna. La Trinidad santa difunde sus *Energías* deificantes y es glorificada»[46]. Si la separamos del «misterio» trinitario, la liturgia quedaría limitada a mera «obra humana», a simple expresión cultural del hecho cristiano, su horizonte estaría cerrado a toda trascendencia más allá de la historia y se negaría su condición de don gratuito de comunión divina.

De aquí que la dimensión trinitaria de la liturgia constituya el principio teológico fundamental de su naturaleza, y la ley de su celebración[47]: la resurrección de Cristo con la donación del Espíritu está, por tanto, en el origen de la liturgia de la Iglesia, que, como tal, «existe antes de las celebraciones sacramentales, las vivifica y las hace capaces de comunicar su fruto»[48].

3. El dinamismo trinitario del culto cristiano

La tradición eclesial ha expresado la estructura de la obra trinitaria en la liturgia mediante un *sumario* que hunde sus raíces en los escritos del Nuevo Testamento: *a Patre, per Christum, in Spiritu Sancto, ad Patrem*[49]; es decir, todo don de comunión divina viene del Padre (*a Patre*) por el Hijo encarnado, Cristo

---

[46] *Ibid.* 163.
[47] Cfr. J. Lopez Martín [1994] 24.
[48] J. Corbon [2001] 162.
[49] Vid., por ejemplo, en su dimensión ascendente, la doxología propia del Canon Romano: «per Ipsum [Christum], et cum Ipso, et in Ipso, est tibi Deo Patri omnipotenti, in unitate Spiritus Sancti, omnis honor et gloria; per omnia saecula saeculorum». El texto aparece recogido ya en la obra de san León Magno (siglo V).

(*per Christum*), por obra del Espíritu (*in* o *ex virtute Spiritus*); para en el Espíritu (*in* o *ex virtute Spiritus*), por medio de Cristo (*per Christum*), regresar al Padre (*ad Patrem*).

Este *sumario* subraya el carácter *fontal* y *final* del Padre, la *mediación* del Hijo encarnado, Cristo, y la *potencia virtual* del Espíritu en el desarrollo de la celebración eclesial del culto; y está en correspondencia con el movimiento de comunión con la vida íntima trinitaria que la liturgia, de modo sacramental, manifiesta, hace presente y comunica.

En otros términos, según el citado principio, el Padre es la «fuente» y el «fin» de la liturgia; Cristo, el Hijo encarnado, es el «mediador»; y el Espíritu Santo, su *virtus* o «artífice»[50]. Por eso, toda fórmula litúrgica encuentra su fundamento en un esquema tripartito siempre presente, implícita o explícitamente, fiel reflejo de su estructura teológica interna: *anámnesis* (presencia de Cristo), *epíclesis* (obra del Espíritu) y *doxología* (glorificación del Padre).

La estructura trinitaria del acontecer litúrgico implica que toda celebración de culto debe ser siempre comprendida y vivida como *alabanza de la gloria*[51] del Padre (*doxología*); presencia sacramental de Cristo (*anámnesis*), «resplandor de su gloria»[52], por obra del Espíritu (*epíclesis*): «concede a cuantos compartimos este pan y este cáliz, que congregados en un solo cuerpo por el Espíritu Santo, seamos en Cristo víctima viva para alabanza de Tu gloria.»[53]

La liturgia es, por eso, esencialmente *doxología*, término que literalmente significa «expresión de la Gloria». No es de extrañar, por consiguiente, que todas las fórmulas litúrgicas culminen, necesariamente, en una glorificación del Padre, por Cristo, en la unidad del Espíritu Santo.

---

[50] Tal es el término que recoge CCE 1091.
[51] Cfr. Ef 1:6. • [52] Cfr. Hb 1:3.
[53] *Misal Romano*, Plegaria eucarística IV.

De este modo, la dinámica trinitaria del acontecer litúrgico se nos presenta siempre como un gratuito y continuo flujo y reflujo de «don» y «acogida» de la gloria de Dios; movimiento *circular* que encuentra en el Padre su fuente y su culmen[54]. De aquí que toda celebración litúrgica esté siempre dirigida al Padre[55].

En términos litúrgicos, este movimiento puede expresarse como «bendición» (*eulogía*) y «acción de gracias» (*eucharistia*). El Padre bendice al hombre con su intervención salvífica en la historia —«desde el comienzo y hasta la consumación de los tiempos toda la obra de Dios es *bendición*»[56]—, y el hombre responde en ritual hacimiento de gracias[57]. Por eso, toda celebración litúrgica es, al mismo tiempo, bendición del Padre al hombre y al cosmos, y respuesta en acción de gracias del hombre y del cosmos al Padre. De aquí que la eucaristía sea la acción —y la anáfora o plegaria eucarística, la oración— litúrgica por excelencia, al «re-presentar» o actualizar el misterio de Cristo, aquel que es, al mismo tiempo, en su ser Dios-hombre, la definitiva bendición del Padre a la humanidad, y la sola respuesta humana aceptable para el Padre.

Este *movimiento circular* de la comunión litúrgica puede resumirse en dos palabras: santidad y gloria[58]. Efectivamente, la glorificación del Padre por parte del hombre consiste esencialmente en su santificación, en su incorporación al misterio de salvación en Cristo: «porque la gloria de Dios es el hombre vivo»[59]. De este modo, en cuanto actualización sacramental de la obra de Cristo, la liturgia unifica en su dinámica teológica interna las dimensiones descendente y ascendente —santificación y culto— del misterio de salvación.

---

[54] Cfr. CCE 1083.
[55] Cfr. canon 21 del Concilio de Hipona del año 393.
[56] CCE 1079. • [57] Cfr. CCE 1081. • [58] Cfr. SC 7 y CCE 1089.
[59] Ireneo de Lyon, *Adversus haereses* 4, 20:7 (cfr. CCE 294).

Así, la celebración litúrgica se constituye en ámbito de comunión del hombre con la santidad de Dios. Ahora bien, en cuanto resplandor de su santidad, la gloria trinitaria es el motivo principal de toda celebración, principio unificador del acontecer litúrgico y de su doble movimiento de santificación y culto: glorificación «del» y «al» Padre (*doxología*), por el memorial del Hijo encarnado (*anámnesis*), en la fuerza transformadora del Espíritu (*epíclesis*).

4. La liturgia celestial y la celebración del culto de la Iglesia

La preeminencia de la dimensión *fontal* de la liturgia, en su condición de obra trinitaria, respecto a la acción de culto, conlleva que la celebración eclesial no sea, en última instancia, sino un trasunto de la liturgia eterna de la Jerusalén celestial: «En la liturgia terrena, pregustamos y tomamos parte en aquella liturgia celestial que se celebra en la santa ciudad de Jerusalén, hacia la cual nos dirigimos como peregrinos, y donde Cristo está sentado a la diestra de Dios como ministro del santuario y del tabernáculo verdadero [...]; aguardamos al Salvador, nuestro Señor Jesucristo, hasta que se manifieste Él, nuestra vida, y nosotros nos manifestemos también gloriosos con Él»[60].

Esta conciencia lleva a la oración litúrgica por excelencia, la plegaria eucarística, a comenzar siempre con la alabanza de la asamblea de los santos: «en verdad es justo darte gracias, y deber nuestro glorificarte, Padre Santo [...] Por eso, innumerables ángeles en tu presencia, contemplando la gloria de tu rostro, te sirven siempre y te glorifican sin cesar. Y con ellos también nosotros, llenos de alegría, y por nuestra voz las demás criaturas, aclamamos tu nombre cantando: Santo, Santo, Santo

---

[60] SC 8.

es el Señor, Dios del universo. Llenos están el cielo y la tierra de tu gloria. Hosanna en el cielo. Bendito el que viene en nombre del Señor. Hosanna en el cielo»[61].

Por eso, las celebraciones litúrgicas no sólo hacen presente, bajo el velo de los símbolos, la comunión eterna de los santos en la gloria del Padre, del Hijo y de su Espíritu, sino que también anticipan la liturgia apocalíptica, que se consumará al final de los tiempos con la venida gloriosa de Cristo, cuando todo el cosmos recreado adorará sin fin al Dios tres veces Santo. «Se debe vivir la liturgia como anuncio y anticipación de la gloria futura, término último de nuestra esperanza»[62].

De este modo, la *liturgia* de la Iglesia se nos presenta como un don gratuito de comunión, como un ofrecimiento de participación, mediante la *economía* del misterio de Cristo, en la *teología* de la gloria trinitaria, resplandor de la santidad mutuamente ofrecida y acogida del Padre, el Hijo y el Espíritu Santo. Celebrar la liturgia, por consiguiente, no es sino celebrar al cosmos santificado, para la gloria de Dios trino: «A Ti la alabanza, a Ti la gloria, a Ti hemos de dar gracias por los siglos de los siglos, ¡oh Trinidad beatísima! Santo, Santo, Santo Señor Dios de los ejércitos. Llenos están los cielos y la tierra de tu gloria»[63].

---

[61] *Misal Romano*: prefacio de la Plegaria eucarística IV.
[62] Juan Pablo II, exhortación apostólica *Ecclesia in Europa* (28-VI-2003) 71.
[63] Trisagio angélico.

Capítulo III

LA LITURGIA, CELEBRACIÓN
DEL MISTERIO DE CRISTO

En la introducción del primer documento del concilio Vaticano II, se plantea la necesidad de acrecentar entre los fieles la vida espiritual; para conseguirlo, se propone proveer a la reforma y fomento del culto. Eso quiere decir que, por vez primera en un texto del magisterio de la Iglesia, se contempla la liturgia desde su mismo acontecer: «por medio de la liturgia —afirma la constitución *Sacrosanctum Concilium*— se ejerce la obra de nuestra redención»[1]; *obra* que el Catecismo de la Iglesia identifica con el *misterio pascual* de Cristo[2].

De este modo, el *hecho litúrgico*, en vez de ser interpretado —según era habitual hasta entonces— a partir de la noción de *culto*, se considera en sí mismo, en su «darse» o «suceder» en el contexto de la obra redentora o historia de la salvación[3]: la *economía del misterio*[4]. Por eso, para entender bien la naturaleza de la celebración litúrgica, hay que reflexionar antes sobre el misterio de Cristo y su carácter pascual.

---

[1] SC 2. • [2] Cfr. CCE 1067.
[3] Cfr. SC 5-6. • [4] Cfr. CCE 1066.

1. El misterio pascual de Cristo

A partir de la renovación teológica acontecida en el siglo XX, la categoría de *misterio pascual* se ha situado en el fundamento para toda comprensión auténtica del culto cristiano. Como afirma el Catecismo de la Iglesia, «en la liturgia, la Iglesia celebra principalmente el misterio pascual por el que Cristo realizó la obra de nuestra salvación»[5].

Ya el concilio Vaticano II, en su constitución *Sacrosanctum Concilium*, había considerado el «misterio pascual» como la clave para la interpretación de las celebraciones sacramentales del culto de la Iglesia. La expresión hunde sus raíces en los más antiguos textos oracionales de la Iglesia[6], y es fruto de la síntesis de las nociones bíblicas de *misterio* y *pascua*, llevada a cabo en los siglos II-IV, a partir de la reflexión sobre el significado teológico de la vida de Cristo.

Puede afirmarse, por tanto, que la liturgia, en cuanto celebración, no es sino la manifestación, presencia y comunicación rituales del *misterio pascual* de Cristo para la vida de los fieles. De aquí que, en el centro de toda acción litúrgica, se sitúen los ritos y fiestas que celebran el misterio pascual de un modo nuclear: la eucaristía y el triduo pascual.

1.1. *Misterio de Cristo y misterios del culto*

Partiendo de su significado en la sagrada Escritura, la literatura cristiana de los primeros siglos atribuyó al término *misterio* —en su original griego: *mystèrion*, y en su adaptación latina: *mysterium, sacramentum*— varias acepciones, aunque todas ellas relacionadas y tendentes hacia su sentido más profundo: el

---

[5] CCE 1067.
[6] Cfr. *Sacramentario Gelasiano*.

plan de salvación de Dios en la historia, concretado en la persona y vida de Cristo y, en última instancia, en su muerte y resurrección.

Ya desde los tiempos apostólicos, la Iglesia tuvo conciencia de que el anuncio y la presencia del *misterio* de la salvación acontecían, precisamente, en las celebraciones de culto. No es de extrañar, por tanto, que la literatura patrística entendiera por *misterio* la disposición amorosa de Dios con los hombres, el designio divino de salvación, oculto al inicio de los tiempos, progresivamente revelado y actuado en la historia, cumplido plenamente en el acontecimiento del Verbo encarnado, y confiado-continuado en la Iglesia por medio de las celebraciones sacramentales del culto. *Misterio* era así la categoría teológica que expresaba tanto la acción salvadora de Dios en Cristo, como su celebración en el culto; y, en definitiva, la conciencia que la Iglesia poseía de su mismo ser.

De aquí que el Catecismo de la Iglesia haya escogido como hilo conductor de toda su exposición la noción de misterio. En palabras de Juan Pablo II, «el misterio cristiano es el objeto de la fe (primera parte); es celebrado y comunicado en las acciones litúrgicas (segunda parte); está presente para iluminar y sostener a los hijos de Dios en su obrar (tercera parte); es el fundamento de nuestra oración, cuya expresión privilegiada es el «Padrenuestro» (cuarta parte). En la lectura del Catecismo de la Iglesia Católica —continúa el romano pontífice—, se puede percibir la admirable unidad del misterio de Dios, de su designio de salvación, así como el lugar central de Jesucristo, Hijo único de Dios, enviado por el Padre, hecho hombre en el seno de la Santísima Virgen María por el Espíritu Santo, para ser nuestro Salvador. Muerto y resucitado, está siempre presente en su Iglesia, particularmente en los sacramentos»[7].

---

[7] Juan Pablo II, constitución apostólica *Fidei depositum* (11-X-1992) 3.

Por eso, los Padres de la Iglesia contemplaban el culto integrado en el marco de los *misterios de salvación* que, anunciados en el Antiguo Testamento, fueron cumplidos en Cristo. Las acciones de culto fueron así comprendidas como celebraciones del misterio de Cristo, ritos que, en su acontecer simbólico, manifiestan, hacen presente y comunican la muerte y resurrección del Señor. Y, en última instancia, por esta razón las denominaron *misterios* y *sacramentos.*

De este modo, para las primeras generaciones cristianas, las acciones de culto no se limitaban a ser la expresión ritual de la propia pertenencia a una comunidad religiosa, sino auténticos misterios y, por consiguiente, obra de Dios; manifestación de la benevolencia del Padre que, mediante el velo de los símbolos, sale al encuentro del hombre para incorporarlo a Cristo y convertirlo, así, en adorador de su gloria.

1.2. *La Pascua de Israel*

El término *pascua* proviene de las lenguas semitas: arameo, *paschà*; hebreo *pessah*. En el Antiguo Testamento, indica tanto las fiestas ligadas al plenilunio de primavera, como el cordero ritualmente inmolado con tal ocasión. La pascua es, pues, aquella celebración anual que, en el libro del Éxodo, había recibido el significado de conmemorar —actualizar ritualmente— la liberación de la esclavitud de Israel y su consecuente constitución como pueblo de la Alianza.

La liberación de Israel concluyó con la Alianza del Sinaí[8], sellada con sangre[9]. Como la sangre era para los hebreos símbolo de la vida, su uso en la Alianza significaba la comunión existencial, total y permanente, entre Yahvéh y su pueblo: Dios se

---

[8] Cfr. Ex 19:3-6. • [9] Cfr. Ex 24:3-11.

comprometía a intervenir en favor de Israel a cambio de que el pueblo se mantuviera fiel a su persona. Esta fidelidad comportaba evitar la idolatría, la magia y alianzas políticas con otros pueblos; regular la vida según el Decálogo[10] y los códigos de la Alianza[11], del Deuteronomio[12] y de la santidad[13]; y observar las leyes relativas al culto[14]. Esta comunión de vida entre Dios e Israel se expresa en las palabras «esta es la sangre de la alianza que ha hecho el Señor con vosotros»[15]; palabras que los relatos evangélicos de la institución eucarística ponen en labios de Cristo[16]. El establecimiento de la Alianza culminó con un banquete de comunión que acompañó al rito de la sangre[17].

La pascua era, pues, una celebración *memorial*: los ritos pascuales significaban una experiencia actual de aquellos acontecimientos que, en la conciencia de Israel, se encontraban en el origen de su existencia histórica y constituían el núcleo de la fiesta. Suponían, en definitiva, un reconocimiento de la bendición de Dios a su pueblo, acontecida en un ayer de la historia —el día del Señor—, motivo de la alabanza en el hoy de la propia existencia de Israel. Pero, por otra parte, tales hechos y su celebración ritual permanecían abiertos a su consumación definitiva que tendría lugar en un futuro indeterminado. De aquí que, de forma sintética, pueda concluirse que la *pascua de Israel* era una celebración memorial de alabanza y bendición a Dios, de carácter histórico-salvífico.

1.3. La Pascua de Cristo

La centralidad de la celebración pascual en el Antiguo Testamento y en la vida de Israel adquiere en el Nuevo Testamento y en la Iglesia una nueva y definitiva dimensión, a la luz de la

---

[10] Cfr. Ex 20:1-7. • [11] Cfr. Ex 20:22-23. • [12] Cfr. Dt 12-26.
[13] Cfr. Lv 13-16. • [14] Cfr. Lv 1-10. • [15] Cfr. Ex 12:8.
[16] Cfr. Mt 26:28 y Mc 14:23. • [17] Cfr. Ex 24:11.

muerte y resurrección de Cristo. La comunidad apostólica, consciente de que en Cristo se daba la plenitud de la revelación y de la historia de la salvación, interpretó tales acontecimientos desde una perspectiva y en un contexto pascuales: la pasión y glorificación de Cristo, acaecidas durante las fiestas de la pascua de Israel, constituyen la consumación de las promesas de la salvación, la última y definitiva Pascua.

Ahora bien, si tenemos en cuenta el significado y el sentido de la pascua de la Antigua Alianza, tal afirmación equivale a decir que, con la muerte y resurrección de Cristo, acontece la liberación plena de la esclavitud (del pecado y de la muerte) y la constitución perfecta del pueblo elegido (la Iglesia), la nueva y definitiva Alianza, ahora en favor no sólo de una nación, sino de todos los hombres de todos los tiempos.

1.4. El misterio pascual

Las primeras generaciones cristianas, partiendo de la experiencia de los acontecimientos que se encontraban en el origen de la Iglesia, vinculan en Cristo los conceptos de *misterio* y *pascua*, de manera que, ya en el siglo II, aparece la expresión *misterio pascual* o *misterio de la pascua*[18].

Tal fusión permite concentrar en la persona y en los hechos de Cristo toda la historia de la salvación. La muerte y resurrección del Señor (*pascua*), culmen de su existencia y clave de interpretación de su vida, constituye así el centro de la entera economía de la salvación (*misterio*), desde la creación hasta la consumación escatológica al término de la historia. La pasión y glorificación de Cristo se entiende así como momento de la recapitulación del mundo y de la historia, y luz para su comprensión.

---

[18] Vid. *Homilía sobre la Pascua* de Melitón de Sardes y *Homilía sobre la santa pascua* del denominado *Anónimo quatordecimano*.

Del mismo modo, a semejanza de la pascua del Antiguo Testamento, anualmente actualizada mediante su conmemoración ritual, la caracterización *pascual* del *misterio* de Cristo ofrece la posibilidad de entender cómo su muerte y resurrección quedan perpetuadas y comunicadas por medio de su celebración litúrgica memorial[19]. De aquí que muy pronto, en los siglos IV-V, la expresión *mysterium paschale* o *paschale sacramentum*, también presente en algunos autores de la época (san Agustín, san León Magno...), fue recogida por los formularios litúrgicos y proclamada ininterrumpidamente en las celebraciones de culto, aun cuando la conciencia de su centralidad hubiera sido olvidada en la reflexión teológica hasta el siglo XX.

La condición radical de esta noción para la fe, subrayada de nuevo en el concilio Vaticano II, ha llevado a la Iglesia a comprender que «la celebración del misterio pascual tiene la máxima importancia en el culto cristiano y se explicita a lo largo de los días (eucaristía), de las semanas (domingo) y del curso de todo el año (triduo pascual)»[20].

2. La liturgia, *memorial* del misterio pascual de Cristo

Un aspecto muy característico de la teología de finales del siglo XX es la conciencia de la estrecha relación entre *Iglesia, liturgia (eucaristía)* y *memoria*. Tal vínculo encuentra su fundamento en los acontecimientos que dieron origen al misterio de la Iglesia y, de modo especial, en el mandato eucarístico recogido por los relatos de la institución transmitidos por el Nuevo Testamento y los textos litúrgicos: «haced *esto* en memoria mía».

---

[19] «Lo que era visible en nuestro Salvador ha pasado a la celebración de sus misterios»: León Magno, *Sermo* 74:2 (cfr. CCE 1115).
[20] Pablo VI, carta apostólica *Mysterii Paschalis*.

La *memoria ritual* («esto») queda, así, constituida en núcleo mismo de la *tradición* eclesial: «porque yo *recibí* del Señor lo que también os he *transmitido*: que el Señor Jesús, la noche en que fue entregado, tomó pan...»[21]. Pero, paradójicamente, sólo en nuestro tiempo la noción de *memorial* ha sido considerada clave para la comprensión de la naturaleza última de la acción litúrgica: «principalmente en la eucaristía y, análogamente en los otros sacramentos, la liturgia es el *memorial* del misterio de la salvación»[22].

2.1. Sustrato veterotestamentario del memorial litúrgico

Toda la historia de la salvación en el Antiguo Testamento puede interpretarse en forma de diálogo: por una parte, la revelación de Dios, su palabra y sus obras; y, por otra, la respuesta de Israel, que escucha la Palabra divina y se deja guiar por ella. Pues bien, este hecho encuentra su paradigma en la oración por excelencia del culto veterotestamentario: la *berakàh*, plegaria de bendición y alabanza a Dios, cuya característica esencial consiste en ser la respuesta dada por la fe a los acontecimientos que, transmitidos de generación en generación por la memoria histórica, revelan el amor de Yahvéh por su pueblo.

La estructura teológica de la *berakàh* se funda en la *confesión memorial* de aquello que Dios, desde siempre, ha sido para Israel. La plegaria recuerda a Dios lo que Dios mismo ha dicho a Israel en su Palabra: las maravillas que ha obrado en su favor. La oración de Israel es, pues, un continuo «evocar en la memoria» —*anámnesis*— las obras salvíficas de Dios (*liberación*), con el fin de renovar y hacer actual y perenne el mutuo compromiso de fidelidad (*alianza*).

---

[21] 1 Co 11:23. • [22] CCE 1099.

De este modo, el culto de Israel, en su dimensión más característica y distintiva, es un *culto memorial*. Pero la *anámnesis* o memorial de culto del Antiguo Testamento no consiste en un *recuerdo* subjetivo de las obras de Dios, sino en una *celebración* que manifiesta, actualiza y comunica la presencia real del acontecimiento evocado. No se trata, por tanto, de una *evocación* interior, sino de un *rito* cuyo significado último queda expresado por medio de la plegaria —la *berakàh*— que lo informa y estructura.

Esta naturaleza memorial del culto del Antiguo Testamento alcanza su dimensión teológicamente más plena en los ritos anuales de la Pascua, celebración que, año tras año, actualiza la liberación de Israel y su alianza definitiva con Dios, narradas en el libro del Éxodo, como anuncio de un pleno cumplimiento en el porvenir. Y, en este sentido, el rito memorial es, al mismo tiempo, *signo rememorativo* de un acontecimiento de salvación del pasado, *manifestativo* de su presencia actual en el hoy y ahora de la celebración de culto, y *profético* de su consumación futura. De este modo, el memorial de culto de Israel es una celebración que, al conmemorar un hecho salvífico del pasado, lo vuelve presente y actual por medio del rito.

2.2. *El memorial de la Nueva Alianza*

Lo dicho hasta ahora enmarca el carácter del rito instituido por Jesús de Nazaret durante la Última Cena, síntesis de toda la liturgia eclesial. En efecto, aunque no podamos conocer ni el tenor literal exacto, ni el tipo concreto de formulario que, procedente del culto de Israel, Cristo empleó en la oración ritualmente pronunciada sobre los dones del pan y el vino la víspera de su pasión, los verbos que el Nuevo Testamento y la liturgia eclesial transmiten para describirnos su acción (*eulogesas, eucharistesas*: bendijo, dio gracias) no dejan lugar a duda acerca de su naturaleza, pues los sustantivos correspondientes (*eulogia-eucharistia*) son las posibles traducciones griegas del original semítico *berakàh*: la confesión memorial de alabanza y bendición que informa y da sentido a los ritos del culto de Israel. Por eso, a la luz del sustrato veterotestamentario y del mandato mismo de Cristo («haced *esto* en *memoria* mía»), el gesto sólo podía ser interpretado por la Iglesia naciente como un *memorial litúrgico*.

Además, si tenemos en cuenta el contexto pascual de la institución (que queda manifiesto tanto por el momento cronológico en que se desarrolla, como por los dones, pan y vino, sobre los que se pronuncia la oración) y el significado sacrificial que Cristo mismo explícitamente da al rito («cuerpo entregado», «sangre derramada»), la conclusión resulta palmaria: la celebración eucarística, raíz de la liturgia eclesial, fue instituida por el Señor —y así interpretada por la Iglesia— como el memorial litúrgico de la nueva y definitiva Pascua, es decir, de la plena liberación y alianza eterna que Cristo mismo sellaría con su sacrificio en la cruz: «cada vez que coméis este pan y bebéis este cáliz, anunciáis la muerte del Señor, hasta que venga»[23].

Así pues, en el momento de la institución ritual de la celebración litúrgica, cuando Cristo pronuncia la oración de alabanza y acción de gracias, no *hace memoria* de los acontecimientos pascuales del pasado de Israel —de los que conocía su carácter profético—, sino del *misterio pascual* de su propia sangre derramada en la cruz, origen inmediato de la Iglesia. En consecuencia, al instituir la liturgia durante la Última Cena, Cristo alabó y dio gracias al Padre por el cumplimiento en su persona de las antiguas promesas de salvación; es decir, por su muerte que, aceptada como sacrificio («esto es mi cuerpo, que se da por vosotros»[24]), transforma la antigua «liberación» de

---

[23] 1 Co 11:26. • [24] 1 Co 11:24.

50

Egipto en «redención universal» y convierte la «alianza del Sinaí» en la «nueva Alianza», suscrita con su sangre: «este cáliz es la nueva alianza en mi sangre»[25].

De este modo, en la expresión «haced esto en memoria mía», Jesucristo condensa, en clave pascual, el *mandato* y la razón *memorial* de toda celebración litúrgica. Sus palabras se extienden, así, tanto a la *orden de hacer el rito* —y, por consiguiente, de celebrar la liturgia—, como a la *orden de hacerlo como memorial* de su pasión salvadora. Con esa explícita alusión al mandato pascual del Antiguo Testamento —de origen divino según la conciencia de Israel[26]—, Cristo afirma implícitamente su divinidad y al mismo tiempo instituye el nuevo y definitivo rito de la Pascua —la liturgia de la Iglesia—, celebrado ya no en memoria de la liberación simbólico-profética del Antiguo Testamento, sino de la salvación plena y definitiva cumplida por su muerte sacrificial en la cruz y por su gloriosa resurrección. Nos encontramos, pues, ante la presencia real, bajo el velo de una acción simbólica, del misterio pascual de Cristo, actualizado por su recuerdo objetivo.

Como afirma el Catecismo de la Iglesia, «en el sentido empleado por la Sagrada Escritura, el *memorial* no es solamente el recuerdo de los acontecimientos del pasado, sino la proclamación de las maravillas que Dios ha realizado en favor de los hombres. En la celebración litúrgica, estos acontecimientos se hacen, en cierta forma, presentes y actuales [...] El memorial recibe un sentido nuevo en el Nuevo Testamento. Cuando la Iglesia celebra la Eucaristía, hace memoria de la Pascua de Cristo y ésta se hace presente: el sacrificio que Cristo ofreció de una vez para siempre en la cruz, permanece siempre actual»[27].

---

[25] 1 Co 11:25.   •   [26] Ex 12:21.   •   [27] CCE 1363-1364.

3. La *celebración* litúrgica

En su estructura y realidad última, la liturgia es ante todo una obra del amor misericordioso de las tres divinas personas en favor de los hombres (*opus Dei*, según la tradición latina, *opus Trinitatis*, en el Catecismo de la Iglesia). Pero además, en su dimensión de respuesta humana al don ofrecido, la liturgia es también una acción de la Iglesia: *actio Ecclesiae*.

Tal característica *activa* se encuentra ya enunciada en el vocablo original griego del que proviene el término: *leitourgia*, cuyo significado etimológico más literal sería equivalente a una *acción en provecho del pueblo*, en el sentido de *servicio destinado al bien común*.

Ahora bien, la acción litúrgica presenta unas características que la distinguen formalmente de cualquier acción de naturaleza habitual y la califican diferenciándola: la liturgia *se celebra*. De aquí que, a partir del concilio Vaticano II, la categoría de *celebración* se haya impuesto como expresión más adecuada para designar y comprender el hecho litúrgico.

3.1. *Celebración, rito y fiesta*

Desde un punto de vista fenomenológico, una *celebración* podría ser descrita como un acontecimiento que tiene lugar en el ámbito de las relaciones entre las personas; se trata de un fenómeno esencialmente social y comunitario, de un medio de relación y encuentro. «La celebración crea una apertura y provoca un acercamiento sobre la base de unos ideales o intereses comunes. (...) Celebrar lleva consigo también una fuerte carga de espontaneidad y sorpresa, incluso cuando se trata de celebraciones reiteradas o establecidas por la costumbre o por las normas del grupo. La celebración quiere ser algo vivo, no aprisionado por una lógica fría y desencarnada; a la vez, la celebración es tanto más creativa cuanto más auténticamente se realiza y se vive. El texto y la ceremonia son un medio al servicio de los fines de la celebración»[28]. Esto significa que la celebración se manifiesta como tal por su *no cotidianeidad* y por su *acontecer simbólico-ritual*. Y, en este sentido, la *celebración* se muestra íntimamente ligada con otras dos categorías, que son el *rito* y la *fiesta*: la fiesta se celebra mediante el rito.

El rito y la fiesta no tiene una definición unívoca. El *rito* designa originariamente todo lo que es canónico o conforme a un orden; dice relación a *regla, orden, ritmo* y, más específicamente, conformidad a un modelo típico preestablecido, adecuación que afecta esencialmente a su validez y legalidad. El rito es, pues, un *tópico imperativo*, un *estereotipo* o molde donde la no arbitrariedad es un elemento constitutivo de su misma esencia.

Por otra parte, aunque se puede hablar de ritos a propósito de muchas manifestaciones de la cultura, su acepción preferente se refiere al culto. En efecto, la ritualidad responde siempre a un molde originario que garantiza su autenticidad, por lo que el rito es prueba de la conformidad y adecuación de una celebración con la *verdad* de sus orígenes; esa naturaleza primordial constituye, precisamente, la cualidad más propia de toda religión o actitud religiosa: la búsqueda de la relación auténtica y verdadera con «quien es o está» en el origen de todo origen.

Y, del mismo modo, en su nivel más esencial, toda *fiesta* significa la ruptura de la evolución ordinaria del tiempo, mediante la irrupción del *día originario*. La fiesta es, pues, el «hoy» de un «ayer» —y, en el caso cristiano, también de un «mañana»— primordial.

Lógicamente, la condición *primordial* del acontecimiento originario puede tener más o menos *entidad* o *plenitud histó-*

---

[28] J. López Martín [1994], 76-77.

rica, según afecte a una esfera de la existencia más profunda o accidental, se refiera a una o a un grupo reducido de personas —nacimiento, matrimonio...— o comprometa a comunidades más amplias: independencia de una nación, constitución de un estado... De esta manera, la celebración festiva adopta diferentes grados o niveles de verdad original. Y, en este sentido, la fiesta, como el rito, posee también un carácter —al menos, implícito— radicalmente religioso, al tener como fundamento último el *momento* original de todo origen. Por eso, las «fiestas» primordiales de la Iglesia, que articulan su calendario, celebran el primer día (la creación) y el último día (la consumación del tiempo: domingo), y la plenitud temporal que supone la irrupción de la eternidad en la historia (Navidad) y la asunción de la historia en la eternidad (Pascua de resurrección).

3.2. *Condición mistérica de la celebración litúrgica*

«En la liturgia, la Iglesia celebra el misterio de Cristo»[29]. Ésta es hoy la conciencia eclesial sobre la naturaleza de la celebración litúrgica. En efecto, según el título de la segunda parte del Catecismo, la Iglesia interpreta la liturgia como *la celebración del misterio cristiano*.

Eso quiere decir que el *misterio de Cristo*, en cuanto acontecimiento que vertebra la economía de la salvación, es lo que da sentido a toda celebración de la liturgia. Pero, entiéndase el *misterio* no como simple enunciado de una verdad teológica, sino como un hecho de salvación ocurrido en la historia.

La liturgia celebra, así, el *misterio* de la obra de la redención, definitivamente cumplida en los *misterios* pascuales de la pasión y glorificación de Cristo: «en la liturgia, la Iglesia celebra

---

[29] CCE 1068. Cfr. SC 35.

principalmente el misterio pascual por el que Cristo realizó la obra de nuestra salvación»[30]. El culto litúrgico es, pues, la acción eclesial que celebra la obra de nuestra redención en Cristo, según la fórmula que, procedente de la más genuina tradición romana, acuñó el último Concilio: «liturgia enim, per quam [...] *opus nostrae redemptionis exercetur*»[31]. Así, partiendo de la revelación divina como historia de salvación, la celebración litúrgica, inseparable del misterio de Cristo y de su Iglesia, se muestra como acontecimiento salvífico, *momento* de la *economía del misterio.* La liturgia constituye, de este modo, el último *tiempo* de la economía de la salvación: la *economía sacramental,* que perpetúa —celebra— en la historia el misterio de Cristo preparado y anunciado en el Antiguo Testamento[32].

«Celebración» y no simple «ejercicio». En efecto, si bien el término *exercere* del texto conciliar podría traducirse por «ejercer», presupone una acción que incluye las dimensiones de *manifestación, presencia-actuación y comunicación-comunión*; nociones que, según el nuevo Catecismo, integran precisamente la *celebración litúrgica*[33]. Bajo esta óptica, afirmar que la liturgia celebra el misterio de Cristo equivale a declarar que el «misterio» de nuestra redención «se manifiesta, se hace presente y se comunica»: «el día de Pentecostés, por la efusión del Espíritu Santo, la Iglesia se manifiesta al mundo (cfr. SC 6; LG 2). El don del Espíritu inaugura un tiempo nuevo en la dispensación del Misterio: el tiempo de la Iglesia, durante el cual *Cristo manifiesta, hace presente y comunica* su obra de salvación mediante la Liturgia de su Iglesia, «hasta que él venga» (cfr. 1 Co 11:26)»[34].

De este modo, los misterios (acontecimientos) de nuestra salvación en Cristo continúan presentes y operantes en los mis-

---

[30] CCE 1067.
[31] La liturgia, por la que se realiza la obra de nuestra redención: SC 2
[32] Cfr. SC 5-6. • [33] Cfr. CCE 1076. • [34] CCE 1076.

terios (ritos) de la liturgia de la Iglesia. La *celebración* litúrgica es, en consecuencia, la manifestación y cumplimiento ritual del *misterio* de Cristo para ser participado en la *vida* de los fieles. De aquí que la liturgia deba ser entendida como *celebración (manifestación, presencia y comunicación rituales) del misterio de Cristo para la vida de la Iglesia*. Tal es la concepción *mistérica* de la liturgia, esbozada en el concilio Vaticano II y enunciada de modo preciso en el nuevo Catecismo.

Todo esto presupone que la *liturgia* debe ser entendida a partir de la conjunción de tres dimensiones inseparables: misterio, celebración y vida[35]. Y así se advierte en la acertada síntesis propuesta por el Catecismo de la Iglesia: «es el *misterio* de Cristo lo que la Iglesia anuncia y *celebra* en su liturgia, a fin de que los fieles *vivan* de él y den testimonio del mismo en el mundo»[36]. En este sentido, la liturgia puede ser interpretada como «misterio (de Cristo) celebrado para la vida (de la Iglesia)», «celebración del misterio (de Cristo) para la vida (de la Iglesia)», o «vida (de la Iglesia) celebrada en el misterio (de Cristo)».

3.3. *La celebración litúrgica, presencia del misterio de Cristo*

Siguiendo la doctrina conciliar, se ha descrito la acción litúrgica como «celebración del misterio para la vida». Presencia, manifestación y comunicación rituales del *misterio* son, en esta perspectiva, el significado más profundo de la celebración de culto.

Sin embargo, esta visión sería todavía parcial si se olvidara que tanto la verdad de la *manifestación* del misterio como su *co-*

---

[35] La comprensión del misterio de la liturgia a partir de la conjunción de estas dimensiones constituye la gran aportación de A.M. Triacca a la ciencia litúrgica.
[36] CCE 1068.

municación derivan, en última instancia, del hecho de su *presencia*[37]. De aquí que *manifestación* y *comunicación* del misterio sean dimensiones subordinadas a la realidad de la *presencia*. Éste es uno de los puntos capitales de la teología litúrgica y a su luz se comprende el carácter *relativo* de la «celebración» frente al *absoluto* del «misterio».

Este principio implica que la celebración litúrgica es esencialmente resonancia o —mejor aún— presencia siempre actual del misterio de Cristo, sucedido «de una vez por todas»[38]: la celebración litúrgica «no sólo recuerda los acontecimientos que nos salvaron, sino que los actualiza, los hace presentes»[39].

El Catecismo afirma la actualidad histórica del acontecimiento salvador mismo: «cuando llegó su hora, [Cristo] vivió el único acontecimiento de la historia que no pasa: Jesús muere, es sepultado, resucita de entre los muertos y se sienta a la derecha del Padre «una vez por todas». Es un acontecimiento real, sucedido en nuestra historia, pero absolutamente singular: todos los demás acontecimientos suceden una vez, y luego pasan y son absorbidos por el pasado. El misterio pascual de Cristo, por el contrario, no puede permanecer solamente en el pasado, pues por su muerte destruyó a la muerte, y todo lo que Cristo es y todo lo que hizo y padeció por los hombres participa de la eternidad divina y domina así todos los tiempos y en ellos se mantiene permanentemente presente. El acontecimiento de la Cruz y de la Resurrección *permanece* y atrae todo hacia la Vida»[40]. Esta actualidad y permanencia encuentra su fundamento en la ya estudiada categoría de *anámnesis* o *memorial*. Por eso, el Catecismo concluye que la liturgia «es el *memorial del misterio* de salvación»[41].

---

[37] Cfr. SC 7 y CCE 1088. • [38] Cfr. CCE 1085. • [39] CCE 1104.
[40] CCE 1085. • [41] CCE 1089.

3.4. Sacramentalidad de la celebración litúrgica

La naturaleza esencialmente *memorial* de la liturgia otorga a su celebración un carácter *sacramental*, que subordina estructuralmente el rito a la *historicidad* previa del misterio. En otras palabras, aunque la liturgia se celebre mediante una acción simbólica, la celebración litúrgica no puede ser reducida a mero *símbolo*: su realidad y significado últimos —el misterio pascual de Cristo— van más allá de la capacidad significativa de un símbolo. Por tanto, aunque la liturgia se celebre necesariamente por medio de un código simbólico —el rito—, su significado no proviene de los símbolos que se emplean, sino del fundamento y origen cristo-eclesiológico expresado en el mandato institucional: «haced *esto* como conmemoración mía»[42].

De aquí que, sin perder su carácter simbólico, el rito eclesial de culto sea primordialmente una acción *sacramental*: «la obra de Cristo en la liturgia es *sacramental*, porque su misterio de salvación se hace presente en ella por el poder de su Espíritu Santo»[43]; principio que subraya la íntima conexión entre la *epíclesis* —invocación al Padre para que envíe su Espíritu santificador— y la presencia del misterio de Cristo: *anámnesis*.

Anámnesis y *epíclesis* se convierten así en las categorías constitutivas y el fundamento último de toda celebración litúrgica[44] y de la misma liturgia como *economía* sacramental: «durante este tiempo de la Iglesia, Cristo vive y actúa en su Iglesia y con ella ya de una manera nueva, la propia de este tiempo nuevo. Actúa por los sacramentos; esto es lo que la tradición común de Oriente y Occidente llama «la economía sacramental»; ésta consiste en la comunicación (o «dispensación») de los frutos del misterio pascual de Cristo en la celebración de la liturgia «sacramental» de la Iglesia»[45].

---

[42] Cfr. Lc 22:19 y 1 Co 11:24.25. • [43] CCE 1111. • [44] Cfr. CCE 1106.
[45] CCE 1076.

La celebración litúrgica continúa por eso en la Iglesia el misterio de Cristo hasta el fin de los tiempos. Fiel al mandato recibido del Señor, la Iglesia actualiza en la celebración del culto la obra de la redención. En la liturgia, Cristo mismo está presente y obra por la Iglesia y con la Iglesia. Cristo e Iglesia (*Christus totus*) son, por consiguiente, los sujetos de la celebración[46].

3.5. El rito litúrgico, manifestación del misterio de Cristo

Una vez contemplada la celebración litúrgica bajo su carácter de *presencia sacramental* del misterio de Cristo, parece conveniente recordar que tal actualidad, lejos de ser *inmediata*, tiene lugar *en* y *por medio* del rito de culto. La obra de nuestra redención, presente, manifestada y comunicada en los misterios de Cristo[47], continúa presente, manifiesta y comunicada en la actualidad histórica por medio de los misterios de la liturgia[48].

En efecto, la celebración litúrgica, en cuanto prolongación en el tiempo del acontecimiento de Cristo, Verbo encarnado, es a su vez *verbo*, signo eficaz de mediación. El rito litúrgico es el lenguaje en que se expresa el diálogo de comunión de Dios con el hombre en la Iglesia. Esta sentencia, válida para cualquier rito de culto eclesial, encuentra su modelo en la acción litúrgica por excelencia: la *anáfora* o plegaria eucarística. Efectivamente, la liturgia se celebra siempre como «verbo» eclesial de acción de gracias y alabanza (*eucharistía-eulogía*) en respuesta memorial al «Verbo» de Dios que la fundamenta. De aquí que la celebración litúrgica sea, en su núcleo más radical, *oración*,

---

[46] Cfr. CCE 1136.
[47] Cfr. Concilio Vaticano II, constitución dogmática *Dei Verbum* (18-XI-1965) 4.
[48] Cfr. SC 2.5-6 y CCE 1068.1076.

participación en el diálogo de comunión de Cristo-Iglesia con el Padre: «la liturgia es también participación en la oración de Cristo, dirigida al Padre en el Espíritu Santo»[49].

El ser de la celebración litúrgica, por consiguiente, no es otro que su ser *mediación en acto*, actualización perenne de la Palabra de salvación *en* y *por medio* del rito de culto; motivo por el cual la liturgia acontece como manifestación eficaz (*epifanía*) del misterio de Cristo: en la celebración litúrgica, el misterio de la salvación se actualiza y se manifiesta mediante el rito.

Por ello, la consideración de la liturgia como *manifestación* del misterio de Cristo supera toda comprensión desde una hermenéutica simbólica, para presuponer la aceptación de un *a priori* teológico: la estructura sacramental de la historia de la salvación. Ni la Iglesia ni su liturgia *crean* el misterio de Cristo; antes bien, tanto en el orden de la inteligencia (teología) como en el de la historia (revelación), primero es el *acontecimiento* salvador de Cristo y después su *celebración* memorial.

La prioridad del misterio en la liturgia —y la consiguiente condición *relativa* de la celebración respecto al acontecimiento original de Cristo— no significa minusvalorar o subestimar el momento ritual. Por el contrario, el carácter eminente de la celebración del culto en la historia de la salvación, y del rito en el horizonte de la teología, se deriva precisamente de ser la *mediación* necesaria para la presencia y comunión con el misterio del Dios trinitario; mediación que evita la conversión de la fe cristiana en una filosofía de la religión. Y así, por su carácter de mediación necesaria para la presencia y comunicación del misterio, el rito de culto se encuentra en el fundamento mismo de la posibilidad del acontecer litúrgico y de la fe como acontecimiento salvador en la historia.

---

[49] CCE 1073.

Por tanto, paradójicamente, en la prioridad del misterio radica la exigencia y el valor insustituible del rito de culto, como ámbito —momento y lugar— del encuentro con la obra salvadora de Cristo. Y, en este sentido, el rito de culto no es sólo una parte integrante del patrimonio de la Iglesia, sino la *forma* misma de la tradición eclesial del misterio de nuestra salvación.

Capítulo IV

LAS TRADICIONES LITÚRGICAS: LITURGIAS OCCIDENTALES

A lo largo de los siglos, la Iglesia, fiel al mandato de su Señor («haced esto en memoria mía»), ha celebrado el único e idéntico misterio de Cristo —la *tradición litúrgica*— según una diversidad de usos y de costumbres de venerable antigüedad —las *tradiciones litúrgicas*— que, en no pocas ocasiones, se han transmitido ininterrumpidamente desde la era apostólica hasta nuestros días.

«Desde la primera comunidad de Jerusalén hasta la Parusía, las Iglesias de Dios, fieles a la fe apostólica, celebran en todo lugar el mismo misterio pascual. El misterio celebrado en la liturgia es uno, pero las formas de su celebración son diversas. La riqueza insondable del misterio de Cristo es tal que ninguna tradición puede agotar su expresión.»[1]

Lejos de dañar a la *unidad* de la Iglesia[2], la pluralidad litúrgica constituye uno de sus más preciados tesoros, como manifestación admirable de la *catolicidad* y *apostolicidad* que la Esposa de Cristo confiesa en el símbolo de la fe[3]. Y, de este modo, la tradición litúrgica se configura como «una sinfonía de las diversas liturgias unidas a la única Liturgia para la alabanza de

---

[1] CCE 1200-1201.
[2] Cfr. Pío XII, carta encíclica *Orientalis ecclesiae decus* (9-IV-1944).
[3] Cfr. CCE 1208.

Dios»[4]. No es de extrañar, por eso, que durante el concilio Vaticano II se subrayara repetidamente la relevancia de las tradiciones litúrgicas a la hora de «conservar fielmente la plenitud de la Tradición»[5]. De aquí que el conocimiento de las distintas tradiciones litúrgicas no sea un vano ejercicio de erudición, sino —en palabras de Juan Pablo II— «una perentoria necesidad»[6].

1. Origen y formación de las tradiciones litúrgicas

La configuración de las distintas tradiciones de culto se debe a la convergencia de una compleja serie de factores, tanto de orden geográfico e histórico-político, como de carácter propiamente eclesial: progresiva condensación administrativa, ascendiente de los grandes obispos, influjo del monaquismo...

El proceso de decantación de la misma y única *tradición litúrgica* en distintas *tradiciones litúrgicas* surge, en buena parte, como resultado de la ordenación patriarcal de la Iglesia. Alrededor de estos núcleos, a un tiempo de gran relevancia eclesial y política, se fueron unificando paulatinamente las tradiciones regionales de culto, hasta cristalizar en liturgias plenamente autónomas. De aquí que las grandes familias litúrgicas se correspondan, a grandes rasgos, con el área de influencia de sus respectivas metrópolis: *patriarcados*, en el ámbito del Imperio Romano (Antioquía, Alejandría, Roma —sedes de origen apostólico—, Constantinopla y Jerusalén, sedes de origen conciliar) y *katholikados*, fuera de los confines de la cultura grecorromana (Seleucia-Ctesifonte —Mesopotamia—, Georgia y Armenia).

En la génesis de toda tradición litúrgica se observa, por tanto un doble movimiento: a) desde la *unidad* litúrgica primordial de

---

[4] Juan Pablo II, carta encíclica *Slavorum Apostoli* (2-VI-1985).
[5] Concilio Vaticano II, decreto *Unitatis Redintegratio* (21-XI-1964).
[6] Juan Pablo II, carta apostólica *Orientale Lumen* (2-V-1995).

la era apostólica, hacia las *diversidades* locales, determinadas por la distinta confluencia de los usos de la primitiva Iglesia —sustentada en el culto de Israel— con elementos rituales procedentes del mundo helenístico y de la propia cultura (celta, semita, armenia, persa...); y, en un segundo momento, b) desde la *diversidad* local hacia una progresiva *unidad* en torno a las sedes patriarcales.

De este modo —en líneas generales, no siempre válidas para todas las tradiciones—, el proceso de configuración de las familias litúrgicas comprende cuatro etapas: a) *periodo de gestación* de los usos locales, caracterizado por la incipiente creatividad eucológica (primeras oraciones para el culto) y la organización de tiempos litúrgicos (siglos II-IV); b) *periodo de estructuración* de las grandes familias, impulsado por la libertad de la Iglesia y su posterior estatuto de «religión oficial», y determinado por fenómenos tales como la compilación de algunas codificaciones de textos (anáforas), la generalización de legislación canónico-litúrgica, el pleno desarrollo de instituciones como el catecumenado y la penitencia canónica, la articulación del ciclo del año litúrgico, la condensación de algunas lenguas litúrgicas, y la multiplicación de espacios cultuales: basílicas, baptisterios... (siglos IV-V); c) *periodo de cristalización* de los ritos particulares dentro de las grandes familias litúrgicas (siglos VI-VIII); d) *periodo de consolidación* de la propia tradición y de su posterior transmisión hasta nuestros días.

2. Síntesis histórica de la tradición romana

Los primeros desarrollos de la tradición de culto que, siglos más tarde, configuraría la denominada liturgia romana permanecen todavía oscuros, por la falta de testimonios documentales directos hasta el siglo IV. Prácticamente, sólo han llegado hasta nosotros restos arqueológicos y noticias de carácter funerario. No obstante, a tenor de las fuentes de las tradiciones paralelas, especialmente la afrorromana, cabe pensar que durante los siglos II-III se forja el substrato ritual común a todas las Iglesias latinas: *rito paleolatino*, que afectaría no tanto a las fórmulas oracionales (*eucología*) cuanto a las estructuras de culto.

En los orígenes, el *rito romano* era la liturgia propia de la Iglesia de Roma y de sus diócesis sufragáneas. No obstante, por el prestigio de la sede de Pedro, durante la alta Edad Media la tradición romana se difundió por todo el Occidente cristiano, hasta convertirse, después del concilio de Trento (siglo XVI), en la liturgia propia de toda la Iglesia latina.

2.1. *Liturgia romana «clásica» (siglos IV-VIII)*

Se denomina periodo *clásico* de la liturgia romana al espacio de tiempo que transcurre desde la libertad de la Iglesia (edicto de Milán, año 313), hasta la formación del Imperio romanogermánico.

De esta época proceden las primeras compilaciones de los formularios litúrgicos que, en transcripciones posteriores, han llegado hasta nosotros: *sacramentarios* (oraciones del sacerdote para la celebración eucarística y otros sacramentos: sacramentario *Veronense*, *Gelasiano* y *Gregoriano*), *leccionarios* (fragmentos de la sagrada Escritura que se proclamaban en las asambleas litúrgicas), *antifonarios* (textos y melodías destinados al canto) y *ordines* (descripción de las «rúbricas» que regulan la celebración).

Entre los muchos tesoros *eucológicos* (plegarias eclesiales) del periodo, ocupa un lugar especial el *Canon*, la oración eucarística propia y distintiva del rito romano[7]. Característico de la

---

[7] No obstante, parece que el texto procede de una paleoanáfora común a todas las tradiciones latinas, cuyo uso podría testimoniarse ya en la Iglesia afrorromana del siglo III: vid. J.L. Gutiérrez-Martín, *¿Un testimonio de la primitiva paleoanáfora latina? Rastros del formulario anafórico africano en la obra de Optato, obispo de Milevi*: Scripta Theologica 32/3 (2000) 801-834.

época es también la proliferación de los lugares de culto: basílicas, baptisterios, memorias para el culto de los mártires...

Por otra parte, durante este tiempo se forja el llamado «genio del rito romano», basado en una honda teología del culto manifestada formalmente mediante expresiones —gestos y oraciones— de gran sobriedad y precisión, poco dadas al sentimentalismo y de inmensa belleza y valor espiritual, artístico y literario[8].

2.2. Periodo franco-germánico (siglos IX-XII)

En esta época, el patrimonio litúrgico de la Iglesia romana se extiende por las tierras sometidas al ámbito de influencia carolingia: Reino de los francos e Imperio germánico. Es el tiempo de la cultura románica.

Ya durante el siglo VIII, el prestigio de la sede apostólica, en cuanto cabeza de la Iglesia y continuadora secular del destino de Roma, y la indudable belleza teológica y formal de sus tradiciones de culto, había provocado una creciente incorporación de sus usos y costumbres en las tierras germánicas. No obstante, el proceso alcanza su momento definitivo cuando, hacia 785 y a petición del monarca, el papa Adriano I envía a Carlomagno un manuscrito de su biblioteca (el sacramentario «gregoriano») para su adopción en la Iglesia franca.

La adaptación del texto romano a las nuevas necesidades dio lugar a una liturgia *mixta*: redacción de formularios para las fiestas propias de la Iglesias local, formación de un *corpus* de misas votivas, para responder a una distinta sensibilidad cultual, adopción de fórmulas en las que el sacerdote, de modo privado, en silencio, confesaba su indignidad (apologías: *confi-*

---

[8] Cfr. B. Neunheuser, *Historia de la liturgia*: NDL 983.

teor...), para satisfacer su piedad personal... De este modo, progresivamente, el antiguo *sacramentario* da paso a lo que, más tarde, sería conocido como *misal plenario*. Por otra parte, las antiguas rúbricas y los textos para la celebración de culto episcopal se amplían y recogen en un solo libro litúrgico: el denominado *Pontifical romano-germánico*.

Al final del proceso, de manos de los emperadores, la liturgia romana renovada y adaptada a la sensibilidad cultural y espiritual de los pueblos germánicos regresa a la Urbe, donde termina por asentarse sustituyendo a la tradición anterior.

2.3. *La liturgia de la Curia romana (siglos XIII-XV)*

La codificación definitiva del rito romano-franco-germánico acontece en Roma, irradiándose por toda la Iglesia latina por obra de los *frailes* mendicantes. Las nuevas necesidades pastorales —predicadores itinerantes que salieran al paso de los movimientos heréticos— exigían una simplificación de los ritos y libros litúrgicos, que posibilitara el culto de comunidades pequeñas, rurales. De este modo, surgieron el *misal* (con todas las oraciones para la celebración de la eucaristía, lecturas de la Sagrada Escritura, rúbricas y antífonas para el canto), el *breviario* (como el nombre sugiere, se trataba de un acortamiento del oficio divino para que cupiera en un solo ejemplar) y las sucesivas elaboraciones —en los siglos XII y XIII— de un nuevo *pontifical*, hasta su compilación definitiva por obra de Guillermo Durando († 1295).

La *liturgia de la curia romana* recoge muy bien el espíritu de la época: la edad del gótico y de las cruzadas. Una nueva sensibilidad espiritual se afirma en Occidente: el interés por la humanidad de Cristo y, en consecuencia, por la maternidad de María. El calendario se enriquece con fiestas propias del contexto cultural: *Corpus Christi*; y aparecen formas nuevas de devoción: procesiones, *via crucis*, culto a la hostia consagrada...

2.4. La reforma tridentina (siglos XVI-XX)

La decadencia de la vida eclesiástica en el *otoño* de la Edad Media, el desafío de la reforma protestante y un nuevo contexto cultural con la exaltación del hombre como centro del universo (humanismo y renacimiento), junto con el riesgo implícito de las nuevas corrientes de espiritualidad, centradas en la vía interior (la *devotio* moderna), llevaron a la piedad litúrgica a sus cotas más bajas.

Uno de los objetivos de la reforma promovida por el concilio de Trento (siglo XVI) fue, por esto, la restauración del culto en sus genuinas fuentes. Con este fin, se estableció un catálogo de abusos litúrgicos y una codificación ritual uniforme para toda la Iglesia. Por primera vez en su historia, el rito romano conoce un único misal (*Missale Romanum*, 1570) y breviario (*Breviarium Romanum*, 1568): en adelante, los libros litúrgicos tridentinos debían permanecer obligatorios e intangibles para todas las diócesis del orbe católico latino. Como medio para asegurar la unidad y pureza del culto, la Santa Sede erige la Congregación de Ritos (1587). Por otra parte, si se tiene en cuenta que el periodo se abre, precisamente, con la «era de los descubrimientos», se comprenderá el fenómeno —absolutamente nuevo— de la universalización de una liturgia hasta entonces propia de una tradición eclesial concreta.

La celebración litúrgica tridentina alcanzó un grado de comunión notable con la cultura de la época: la edad del barroco. Es el tiempo del triunfo de la Iglesia-institución y de sus santos —magníficamente expresado en los retablos de las iglesias—, del desarrollo del culto eucarístico fuera de la Misa, de la concepción «teatral» del rito y del espacio litúrgico, de las cofradías y hermandades...

No obstante, la irrupción del siglo de las luces (siglo XVIII) y la aparición de un incipiente mundo secularizado (siglo XIX), con sus correspondientes desafíos para la fe, contribuyeron a la gestación de una conciencia eclesial de necesaria renovación en las fuentes, raíz del *movimiento litúrgico*.

Ya en el siglo XX, como fruto de dicha conciencia, maduró un plan de actuación litúrgica. Pío XII encargó a la sección histórica de la Congregación de Ritos que preparara un proyecto de reforma (1946), y erigió una comisión específica para realizarla. La comisión desarrolló un ingente trabajo en los doce años de su labor (1948-1960), pues revisó casi todos los libros litúrgicos. Sus esfuerzos dieron fruto en la restauración de la vigilia pascual (1951) y de toda la semana santa (1955), así como en la publicación de un nuevo código de rúbricas (1960). Sin embargo, con el anuncio de la convocación del concilio Vaticano II, el proyecto de *restauración* dio paso, bajo nuevos fermentos, a un nuevo periodo: la *reforma* litúrgica conciliar.

3. Las otras tradiciones litúrgicas occidentales

A diferencia de lo que ocurrió en el Oriente cristiano, y con excepción de la Iglesia romana, ninguna de las tradiciones de culto del Occidente latino llegó a consolidar una Iglesia ritual. De hecho, tan sólo han llegado hasta nuestros días algunos usos particulares de la diócesis de Milán (*liturgia ambrosiana*), ya que el denominado *rito hispánico* se encuentra actualmente circunscrito, de modo habitual, a la celebración eucarística en la catedral de Toledo y en algunas parroquias de la misma ciudad.

3.1. *Liturgia afrorromana*

Enclavadas en el corazón de la cuenca mediterránea, las provincias del África romana (África proconsular, Numidia y Mauritania) conocieron en la antigüedad tardía un periodo de brillante esplendor, fruto de la unión entre el genio romano y el equilibrio de la razón clásica y el temperamento autóctono. Las tensiones religiosas (cisma donatista) y las convulsiones políticas del siglo IV marcarían, sin embargo, el comienzo de un declive irremisible.

La liturgia africana es la tradición de culto latina más conocida durante los primeros siglos de la era cristiana. De hecho, los testimonios de los escritores eclesiásticos de la época nos hablan de un rito ya estructurado y codificado, que presupone una tradición propia y característica[9]. Por otra parte, tiene una estrecha relación con los usos desarrollados posteriormente por las tradiciones romana e hispánico-galicana. Parece, por tanto, que la liturgia afrorromana está en el substrato de las tradiciones litúrgicas del occidente latino: *rito paleolatino*.

Desgraciadamente, la *liturgia africana* no tuvo ocasión de cristalizar en una tradición eclesial definitivamente consolidada, a consecuencia de las invasiones vándala y musulmana, durante los siglos V a VII.

3.2. Liturgia galicana

Se conoce como *liturgia galicana* al conjunto de tradiciones de culto surgidas durante el periodo en que la Galia era una provincia del Imperio romano, que alcanzaron una estructura propia en los reinos francos del periodo merovingio (siglos VI-VIII). En su desarrollo se advierten también influjos orientales e itálicos.

La documentación más antigua relativa a formularios litúrgicos galicanos procede de mediados del siglo VII, si bien poseemos testimonios indirectos en las obras de autores anteriores, como Cesáreo de Arlés (470-542) y Gregorio de Tours (538-

---

[9] Acerca de la liturgia afrorromana, vid J.L. Gutiérrez-Martín, *Iglesia y Liturgia en el África romana del siglo IV*, Edizioni Liturgiche, Roma 2001.

594). El proceso de codificación, muy heterogéneo, perdura durante el siglo VIII[10].

Una característica de la tradición galicana es la plegaria eucarística compuesta con textos variables sobre un fondo unitario. La composición de las oraciones galicanas es muy heterogénea. No obstante, a diferencia de la sobriedad del genio romano, la eucología galicana tiende a incluir en las oraciones expresiones de nueva creación o tomadas de fórmulas más arcaicas.

La adopción oficial de los libros litúrgicos de la Iglesia de Roma durante el reinado de Carlomagno, a finales del siglo VIII, supuso la definitiva desaparición de los usos galicanos.

3.3. Liturgia «ambrosiana»

Los usos y costumbres cultuales de la Iglesia de Milán se designan como *liturgia ambrosiana,* por su adscripción a la tradición litúrgica conocida por san Ambrosio en el siglo IV[11].

En el proceso de formación de la tradición milanesa, pueden advertirse tres momentos históricos diferenciados: romanidad tardía (siglos IV-V), dominación longobarda (siglos VI-VIII) y periodo carolingio (siglos IX-X); hay un substrato precedente y común a todas las liturgias latinas.

Las características más sobresalientes de los formularios oracionales del rito ambrosiano se derivan de su carácter polémico frente a la herejía arriana. De aquí que las fórmulas milanesas incluyan profundas consideraciones teológicas en torno a la persona y misterio de Cristo, verdadero Dios y verdadero hom-

---

[10] Acerca de la liturgia galicana, vid. J. Pinell, *Galicana (liturgia)*: DPAC 910-914.

[11] Acerca de la liturgia ambrosiana, vid. A.M. Triacca, *Ambrosiana (liturgia)*: DPAC 92-94.

bre. Por otra parte, la estratégica posición de la ciudad, crucero de caminos y de culturas, dio ocasión a la transmisión de influjos procedentes tanto del Oriente, como de otras tradiciones latinas (itálica, hispana, galicana, carolingia...), con el resultado de un estilo híbrido, aunque no ecléctico.

La liturgia ambrosiana ha llegado hasta nuestros días, ya que cuando la reforma tridentina unificó los ritos de toda la Iglesia latina, en el siglo XVI, la diócesis milanesa pudo presentar textos y formularios con más de doscientos años de antigüedad, límite prescrito por el mandato conciliar.

3.4. Liturgia hispánica

La *liturgia hispánica* responde a la tradición de culto que, sobre la base del común patrimonio paleolatino y otros elementos hispanorromanos, se estructuró durante los siglos VI y VII en el reino visigodo instalado en la península ibérica y la Septimania provenzal[12]. Clara muestra de la madurez del rito es la obra de Isidoro de Sevilla, *De ecclesiasticis officiis*, primer «tratado» de liturgia, con noticias acerca de los distintos usos locales e informaciones sobre las costumbres de culto de otras Iglesias.

Es también conocida como «visigótica» e, incluso, «mozárabe», pues, en un principio, la supresión del rito no pudo entrar en vigor en las tierras islámicas. En efecto, el *rito hispánico* fue definitivamente suprimido por un decreto de Gregorio VII (1073), ejecutado en 1080 para los reinos de Castilla y León, a causa de la sospecha de formulaciones «adopcionistas» en algunos de sus textos. No obstante, cuando poco tiempo después Alfonso VI reconquista Toledo (1085), concede a la ciudad el

---

[12] Acerca de la liturgia hispánica, vid. J. Pinell, *Hispánica (liturgia)*: DPAC 1047-1053.

privilegio de la celebración en el viejo rito, razón por la cual ha podido llegar, mal que bien, hasta nuestros días. En 1982 la Conferencia Episcopal Española, de acuerdo con la santa Sede, erigió una comisión para la revisión del rito hispánico según los principios del concilio Vaticano II. Fruto de sus trabajos son la edición del *Missale Hispano-Mozarabicum* (1991) y del *Liber commicus* (leccionario: 1995).

En la codificación litúrgica hispánica, intervinieron las escuelas de las grandes sedes metropolitanas: Tarragona, Sevilla y Toledo. Hasta nosotros han llegado algunos libros litúrgicos, transmitidos en fuentes manuscritas: *liber manualis* y *liber misticus* (oraciones para la celebración de la eucaristía, siguiendo el orden del año litúrgico, y también el oficio, en el segundo caso), *liber orationum festivus* y *liber orationum psalmographus* (oraciones para el oficio divino catedralicio, festivo y cotidiano), *antiphonarium* (cantos para el oficio y la celebración eucarística), *liber commicus* (lecturas de la celebración eucarística), *passionarium* (pasiones de los mártires y otros relatos según el calendario anual), *liber sermonum* (colección de homilías patrísticas), *liber ordinum* (ritual para los sacramentos)...

Una de las características más señaladas de la liturgia hispánica es la serie de textos variables para la plegaria eucarística —a semejanza de cuanto el rito romano había creado, aunque sólo para el prefacio, y de la tradición galicana—, sobre una estructura unitaria proveniente del patrimonio común: paleoanáfora latina.

3.5. *Otras tradiciones latinas*

Durante la antigüedad tardía e inicios de la Edad Media, el Occidente cristiano conoció la presencia de diversas tradiciones cultuales que no llegaron a consolidarse en una estructura litúrgica completa.

73

Así, además de los ritos romano y milanés, en la península italiana se desarrollaron usos y costumbres de culto particulares en las regiones de Campania, en Benevento, Aquileya y Rávena.

Por otra parte, en los siglos VI y VII, la cristianización de las Islas Británicas y, posteriormente, la actividad de los monjes misioneros celtas en el mundo germánico al norte del Rhin fue acompañada por la introducción de usanzas peculiares de culto, conocidas por algunas fuentes llegadas hasta nosotros (antifonario de Bangor), y ligadas a las estructuras litúrgicas romana, milanesa y galicana. No obstante, el genio propio de la cultura celta se manifiesta en la producción de himnos, que expresan el misterio de Cristo según la tradición poética local.

Capítulo V

LAS TRADICIONES LITÚRGICAS
DEL ORIENTE CRISTIANO

En el Oriente cristiano, las nociones de *liturgia* y *rito* tienen algunas diferencias respecto a su significado habitual en Occidente. La concepción oriental de *rito* comprende no sólo las costumbres de culto de una Iglesia, sino también su doctrina dogmática y usos canónicos e, incluso, su lengua, historia y cultura propias: en definitiva, todo aquello que configura a una «nación». En Oriente, *rito* significa por tanto el modo de vivir la propia tradición eclesial, fundada en la Escritura, interpretada por los Padres, definida en los concilios y vivida en la liturgia. De este modo, el concepto de rito se identifica con el «imaginario» de una nación que, entre otras particularidades, sigue un conjunto de usos litúrgicos bien definidos. Por el contrario, el término *liturgia* posee un alcance más restringido e indica tanto el conjunto de usos y costumbres cultuales de una Iglesia («liturgia bizantina», «liturgia copta»...), como, de manera distintiva, la celebración de la eucaristía (denominada *divina liturgia*) y, más en particular, la *anáfora* o plegaria eucarística.

En su origen, la expresión *liturgias orientales* se refiere al conjunto de tradiciones de culto que, a comienzos de la era cristiana, se consolidaron en la parte oriental del Imperio Romano. En este sentido, el calificativo de «oriental» es simplemente opuesto a «occidental». De hecho, en la práctica, los límites entre las familias litúrgicas orientales y occidentales coinciden —incluso hoy día— con la línea divisoria establecida entre Oriente y Occidente en las sucesivas reformas administrativas del Bajo Imperio romano. El lugar de las liturgias orientales se corresponde, por tanto, con el *mundo helenístico*, donde se unen la civilización grecorromana y las culturas del Próximo Oriente. Actualmente, su *área geográfica natural* abarca las tierras comprendidas entre los Balcanes y la región del Nilo, como límites occidentales, y el sur de la India, como extremo oriental; aunque incluye también los vastos territorios que, de un modo u otro, pertenecen al área de influencia eslava oriental.

Por otra parte, al tratarse de tradiciones de Iglesias de carácter «nacional», sus costumbres son propias también de aquellas comunidades diseminadas en la diáspora, a consecuencia de los difíciles avatares histórico-políticos de sus lugares de origen.

1. Características teológicas comunes

Aunque el calificativo *oriental* tiene, como se ha indicado, un carácter preferentemente geocultural, no faltan algunas notas teológicas comunes a las tradiciones litúrgicas del Oriente cristiano. «Hay —ha escrito Juan Pablo II— algunos rasgos de la tradición espiritual y teológica, comunes a las diversas iglesias de Oriente que caracterizan su sensibilidad con respecto a las formas asumidas por la transmisión del Evangelio en las tierras de Occidente»[1]. Enunciamos algunas de esas características[2].

- El sentido de la *trascendencia* de las celebraciones de culto, manifiesto en el uso de un lenguaje que subraya la inefabi-

---

[1] OL 6.
[2] Cfr. OL 6.10-11; y T. Federici, *Le liturgie dell'area orientale*: Pontificio Istituto Liturgico, *Anàmnesis 2: La liturgia, panorama storico generale*, Casale Monferrato 1978, 127-128.

lidad del Dios uno y trino, y en la abundancia de signos y gestos de adoración. La eucaristía se comprende teológicamente como un *mysterium tremendum*, un acontecimiento de salvación que los fieles deben vivir mediante el silencio devoto y la escucha atenta. Y de aquí el hecho de que algunas Iglesias de Oriente hayan adoptado en sus edificios de culto la *iconostasis*, una mampara formada por imágenes, que separa el santuario de la nave, y lo oculta en el momento solemne de la presencia divina sobre el altar.

- La celebración entendida siempre como manifestación, presencia y comunicación de la *gloria* de Dios.

- El convencimiento de que, durante la liturgia, es *Cristo mismo quien obra*, mediante su divinidad y su humanidad, unidas en la Persona divina.

- La acción litúrgica como expresión del *amor infinito de Dios por los hombres*, consumado en el misterio de la encarnación del Verbo y continuado en la liturgia por la celebración de su muerte y resurrección salvadoras.

- Toda celebración es contemplada como una nueva Pentecostés en la que, mediante *la fuerza del Espíritu*, se actualiza la obra divina de la redención. De ahí la importancia que se concede a la *epíclesis*, oración de invocación al Padre para que, por medio del Hijo, envíe a su Espíritu.

- La tensión hacia la segunda venida de Cristo o *parusía*. La celebración litúrgica se concibe como una anticipación del acontecimiento último de la venida gloriosa del Señor: «como signo vivo de esa espera, el monje prosigue y lleva a plenitud en la liturgia la invocación de la Iglesia, la Esposa que suplica la vuelta del Esposo en un *marana tha* [ven Señor] repetido continuamente no sólo con palabras, sino también con toda la vida»[3].

---

[3] OL 10.

- La visión *escatológica* de la liturgia como momento de la presencia anticipadora de la Jerusalén celestial: la liturgia es «el cielo en la tierra» e incluso el espacio de la celebración (planta, forma, dimensiones) está concebido y organizado simbólicamente como manifestación de la Iglesia celestial: «la Eucaristía es también lo que anticipa la pertenencia de hombres y cosas a la Jerusalén celestial»[4].

- La viva conciencia de que en la celebración eucarística se revela la naturaleza profunda de la Iglesia, como comunidad de los convocados a la participación en los sagrados misterios: *eclesiología eucarística*. De ella se deriva el profundo sentido de la *Iglesia local*, contemplada como la Iglesia una, santa y católica que, «aquí y ahora», celebra al Señor en la visibilidad del obispo con su presbiterio, diáconos y fieles.

- El carácter *antropológico y cosmológico* de la celebración. Durante la liturgia, la persona es implicada en su integridad (cuerpo y espíritu), al tiempo que la entera creación encuentra su culmen y su sentido pleno, llamada como está a la recapitulación en Cristo. El hombre con todos sus sentidos, juntamente con el cosmos, celebra en la liturgia la gloria de Dios: de aquí la importancia del canto, los colores, las luces y los perfumes y aromas. En la acción sagrada, la «corporeidad» es convocada a la alabanza de su Creador y participa de la belleza de la divina armonía, modelo de la humanidad transfigurada. Por medio de los sagrados misterios, y especialmente con la comunión eucarística, el hombre se vuelve imagen de Cristo, entra a tomar parte de la vida trinitaria y se diviniza.

- La impronta *mariológica*. En el Oriente, la Madre de Dios no sólo goza del privilegio de numerosas y solemnes fies-

---

[4] *Ibid.*

tas durante el transcurso del año litúrgico, sino que, a modo de filigrana, enriquece el tejido trinitario y cristológico de toda celebración, y es invocada de continuo con sus títulos legítimos.

2. Tradiciones litúrgicas orientales

La formación de las tradiciones litúrgicas del Oriente cristiano[5] es el resultado de la convergencia de un conjunto de elementos diferenciadores: historia, dogma, lengua, características cultuales... Teniendo en cuenta este principio, los ritos orientales pueden ser agrupados a partir de diversos criterios: *dogmático* (Iglesias de confesión nestoriana, monofisita y calcedoniana u ortodoxa o católica), *litúrgico* (a partir de sus estructuras litúrgicas, especialmente de la plegaria eucarística: siro-oriental, antioquena y alejandrina), *genético* (basado en la relaciones de origen). Este último criterio parece el más útil para nuestro propósito, al integrar tanto los aspectos que diferencian a una Iglesia o rito, como los elementos propiamente constituyentes.

De este modo, atendiendo a la génesis y según la peculiar relación rito-liturgia característica del Oriente cristiano, podemos delinear el siguiente cuadro sinóptico de las familias litúrgicas orientales:

Grupo antioqueno
Tradición siro-oriental
　　　　　-rito siro-nestoriano (nestorianos)
　　　　　-rito caldeo (católicos)
　　　　　-rito siro-malabar (católicos)

---

[5] Una buena síntesis de los ritos del Oriente cristiano en E. Carr, *Le famiglie liturgiche in Oriente*: A.J. Chupungco (dir), *Scientia Liturgica I: Introduzione alla liturgia*, Casale Monferrato 1998, 26-39.

Tradición siro-occidental
liturgia siro-antioquena
-rito siro-jacobita (monofisitas)
-rito siro-antioqueno (católicos)
-rito siro-jacobita de la India (monofisitas)
-rito siro-malankar (católicos)
-rito maronita (católicos)
liturgia bizantina (ortodoxos y católicos)
-rito bizantino-griego
-rito bizantino-eslavo
-rito bizantino-árabe o «melkita»
-rito bizantino-albanés
-rito georgiano
liturgia armenia (ritos monofisita y católico)
Grupo alejandrino
-rito copto (monofisitas o católicos)
-rito etíope (monofisitas o católicos)

2.1. *Liturgia siro-oriental*

La difusión de la fe cristiana en las regiones de Mesopotamia se remonta a los primeros albores de la vida de la Iglesia. La tradición atribuye la primera evangelización a santo Tomás apóstol. Los orígenes y primer desarrollo de la Iglesia siro-oriental están marcados por su inclusión en el área de influencia del Imperio persa sasánida.

A mediados del siglo V, se separa de Antioquía, capital de la Siria romana, y la sede primada se establece en la ciudad de Seleucia-Ctesifonte, a orillas del Tigris. Aislada del resto de la cristiandad, la comunidad siro-oriental adoptó oficialmente la doctrina teológica de Teodoro de Mopsuestia, cuya expresión cristológica recogía las afirmaciones de Nestorio, condenadas en el concilio de Efeso el año 431: *Iglesia nestoriana*. Desde el siglo XVI, algunas comunidades entraron en comunión con Roma: *Iglesia caldea.*

Durante el medioevo evangelizó las tierras de la India y del Extremo Oriente, hasta Java y Pekín, y fue prácticamente aniquilada con las sucesivas invasiones turco-mongolas: sobrevive hoy a duras penas en comunidades escasas, dispersas entre las fronteras de los actuales estados de Turquía, Siria, Irak e Irán.

Los rasgos esenciales de los ritos siro-orientales —cultura semítica, manifiesta especialmente en el uso de la lengua aramaica (siríaco), con rasgos visibles de manera especial en la estructura de su plegaria eucarística: anáfora de Addai y Mari— se forjaron en la comunidad de Edesa.

En la India, a partir de la unión con Roma a consecuencia de la dominación portuguesa del suroeste peninsular en el siglo XVI, la vida de la *Iglesia siro-malabar* ha atravesado circunstancias muy complejas. En el año 1599, el sínodo de Diamper forzó una masiva latinización de los usos canónicos y litúrgicos, provocando sucesivas rupturas de la comunión eclesial.

2.2. Liturgia siro-antioquena

La liturgia siríaca o antioquena hunde sus raíces en los usos cultuales del patriarcado de Antioquía (capital de la Siria romana). Es propia de las comunidades monofisitas que surgieron en el Asia Menor a partir de las disputas cristológicas del siglo V: *Iglesia jacobita.*

En efecto, aquellos fieles cuyas tradiciones semitas entraron en conflicto con los seguidores de la cultura oficial bizantina de la autoridad imperial (*melkitas,* literalmente los «realistas»), partidaria de las conclusiones dogmáticas del concilio de Calcedonia (año 451), formaron una comunidad con jerarquía independiente a mediados del siglo VI, bajo la guía de Jacobo Bar-

Addai, quien daría su nombre a la Iglesia cismática. Después del siglo XVII, una rama de dicha Iglesia entraría en comunión con Roma: *Iglesia siro-antioquena.*

Originariamente de lengua griega, y luego, siríaca, la liturgia antioquena se celebra actualmente en árabe, y posee un rico patrimonio eucológico (se conocen más de setenta anáforas o plegarias eucarísticas) y artístico: musical, literario (durante el oficio, prevalecen sobre el salterio las composiciones poéticas, algunas de época patrística) y plástico: la arquitectura eclesial es muy característica, con el santuario cerrado por una pared con celosías, el altar cubierto por un ciborio y una tribuna para los oficios solemnes. Durante la celebración eucarística, se proclaman seis lecturas y, al igual que en el oficio, se desarrolla el característico «rito del incienso».

Dentro de la tradición antioquena, la liturgia *maronita* goza de algunas particularidades debido a la peculiar historia de esta Iglesia. Su origen se centra en torno al monasterio fundado por el monje sirio Marûn, donde se formó una comunidad de cristianos siro-occidentales fieles al concilio de Calcedonia y contrarios, por tanto, al cisma de la Iglesia antioquena. Hostigados por los jacobitas y posteriormente por los melkitas y por los musulmanes (siglos VII-IX), encontraron refugio en las montañas del Líbano, donde desde entonces han permanecido en situación siempre precaria, constituyendo una Iglesia autónoma. La comunidad maronita es la única Iglesia oriental de siempre y sola comunión católica.

Su liturgia conserva algunos rasgos siro-orientales, y ha recibido influjos latinos en el calendario, ornamentos sagrados y fórmulas oracionales. Como lenguas litúrgicas oficiales figuran el siríaco y el árabe, aunque muchas comunidades de la diáspora celebran en la lengua propia del lugar de acogida. A pesar de las dificultades derivadas de su situación geopolítica, está en curso una reforma litúrgica para superar la latinización y volver a la primitiva tradición.

2.3. Liturgia bizantina

La Iglesia de Constantinopla, «la nueva Roma», fue constituida a comienzos del siglo IV. A finales de la misma centuria, el concilio ecuménico homónimo (año 381) concedió a la sede constantinopolitana una supremacía honorífica en Oriente, como capital imperial. Muy pronto, su jurisdicción se amplió a las diócesis de Asia, Ponto y Tracia, y se le atribuyeron los mismos privilegios de que gozaba hasta entonces la sede de Roma (Concilio de Calcedonia, año 451).

La *liturgia bizantina* encuentra sus raíces en los usos rituales antioquenos (manifiestos por el uso de las denominadas anáforas de San Juan Crisóstomo y de San Basilio). Su estructura clásica se forma entre los siglos VI y IX en la catedral de Santa Sophia y en el monasterio de Stoudion, ambos en Constantinopla. Las formas rituales resultaron definitivamente fijadas en los libros litúrgicos impresos en los siglos XVI y XVII.

Características de la liturgia bizantina son una extraordinaria espiritualidad, fruto de los influjos monásticos, y una honda riqueza teológica, que subraya el carácter de misterio de toda celebración sacramental. No obstante, esplendor y majestad son los adjetivos que mejor describen a la tradición ritual bizantina. El culto es siempre solemne y muy sensorial (iconografía, polifonía, luminosidad, incienso, ornamentos...), con abundancia de expresiones simbólicas. La participación de los fieles en la celebración eucarística, desde la nave separada del santuario por la *iconostasis*, se encauza por medio de frecuentes oraciones litánicas (en forma de letanía). En el oficio divino, juegan un papel preponderante los himnos.

A partir de la misión de los santos Cirilo y Metodio (siglo IX), la liturgia bizantina se expandió por los pueblos eslavos orientales. Actualmente se encuentra extendida principalmente en los patriarcados griegos ortodoxos de Constantinopla, Jerusalén, Antioquía y Alejandría; en las Iglesias autocéfalas de Grecia, Creta, Chipre (*rito bizantino-griego*), Rusia, Bulgaria, Rumanía, Serbia (*rito-bizantino-eslavo*), Albania (*rito bizantino-albanés*, con algunas comunidades en el sur de Italia), Georgia (*rito bizantino-georgiano*); en las Iglesias árabes ortodoxas (*rito bizantino-melkita*: Líbano, Irak, Palestina...); y en las comunidades ortodoxas presentes en algunas naciones (Finlandia, Letonia, Estonia, Polonia, Chequia, Eslovaquia y Hungría) o diseminadas en la diáspora (Francia, Estados Unidos, Australia); sin olvidar a las Iglesias en comunión con Roma (Ucrania -*rito bizantino-ucraniano*-, Rumanía...).

2.4. Liturgia armenia

El cristianismo llegó muy pronto a Armenia, quizás a finales del siglo I. Con el bautismo de su rey Trdat (Tíridates) en el año 301, a la nación armenia cabe el honor de ser la primera oficialmente cristiana. La creación de un alfabeto propio (407) favoreció la traducción de la Sagrada Escritura y la formación de una tradición litúrgica particular. En el 506, la Iglesia armenia profesó el monofisismo, rompió con la ortodoxia de Constantinopla y se acercó a la Iglesia antioquena, de su misma confesión. A partir de las cruzadas, algunas comunidades más occidentales entraron en comunión con Roma.

Desde comienzos del siglo XX, tras el genocidio perpetrado en Turquía, la comunidad armenia cuenta con una amplia diáspora en Oriente Próximo y en todo el orbe, además de la Iglesia circunscrita en los confines del territorio transcaucásico homónimo.

Como características propias de la liturgia armenia, se pueden señalar la extraordinaria riqueza de sus composiciones melódicas; la costumbre de no mezclar agua en el vino eucarístico (quizás dependiente de su concepción monofisita, para subrayar la única naturaleza, divina, de Cristo); el uso del pan ácimo y la comunión bajo una sola especie; la celebración de la Navidad, Epifanía y Bautismo de Cristo en el Jordán en una misma fiesta, el seis de enero, según la primitiva praxis del año litúrgico.

2.5. Liturgia copta

El termino «copto», que califica a la Iglesia alejandrina, proviene del vocablo árabe *al-qubt*, palabra derivada del griego *aigyptios*. La Iglesia copta, por tanto, deriva de la comunidad de origen apostólico y lengua y liturgia griegas que durante los primeros siglos resplandeció en Egipto con teólogos y pastores de la talla de Clemente alejandrino, Orígenes, Atanasio, Cirilo..., y fue cuna del movimiento monástico.

A raíz de las disputas cristológicas del siglo V, gran parte de la Iglesia, por fidelidad a Cirilo de Alejandría y a sus fórmulas más ambiguas, se opuso a los decretos de Calcedonia: de este modo, el monofisismo se convirtió en símbolo de identidad del movimiento popular contra los «calcedonianos», de lengua y liturgia griegas y partidarios del orden imperial: *melkitas*.

La liturgia copta, originalmente de lengua griega, se celebra preferentemente en árabe a partir del siglo XIV. Los lugares de culto presentan el santuario separado de la nave mediante una cancela y, en ocasiones, cortinajes. La asamblea está dividida en zonas: clero, notables, hombres y mujeres. La música posee repertorios de una venerable antigüedad. Utilizan cuatro lecturas del Nuevo Testamento durante la celebración eucarística, y es característica la forma de la liturgia de la reconciliación, con el típico «rito del incienso», parte sustancial de la acción sacramental.

2.6. Liturgia etíope

La Iglesia etíope es muy poco conocida y de oscuros orígenes: la predicación evangélica llegó a Etiopía en el siglo IV, por obra de monjes sirios enviados desde Alejandría. Las escasas relaciones con Occidente, a causa de su lejanía y difícil acceso geográfico, y las continuas destrucciones musulmanas, especialmente desde el siglo XVI, aislaron casi por completo la vida de la incipiente Iglesia. Una rama etíope-católica, numéricamente débil, se remonta a las misiones italianas del siglo XIX.

El patrimonio musical de la liturgia etíope es muy grande, con acompañamiento de tambores y cítaras. Frente a la praxis de las demás Iglesias, en las celebraciones litúrgicas abundan las lecturas de textos de composición apócrifa. Por otra parte, a partir de la leyenda de la dinastía salomónica, se incorporaron tradiciones rituales de origen judaico: procesión con el arca de la alianza, al son de los címbalos, fiestas de los santos del Antiguo Testamento, práctica de la circuncisión antes del bautismo... La lengua litúrgica es el etíope antiguo, lengua semítica actualmente incomprensible para los fieles. Durante las celebraciones se improvisan cantos, y se usan instrumentos de origen egipcio, con movimientos rítmicos de los fieles, procedentes de danzas litúrgicas antiguas. La liturgia eucarística se celebra en iglesias de planta central, circulares, con el altar en el centro bajo un templete, con un tabernáculo que recuerda el arca de la alianza; una cancela circunda el perímetro de esta aula central o santuario. Los fieles permanecen en el exterior, escuchando a través de las celosías.

Capítulo VI

LA CELEBRACIÓN EUCARÍSTICA

«La celebración de la Misa, como acción de Cristo y del pueblo de Dios ordenado jerárquicamente, es el centro de toda vida cristiana para la Iglesia, universal y local, y para todos los fieles individualmente, ya que en ella se culmina la acción con que Dios santifica al mundo en Cristo, y el culto que los hombres tributan al Padre, adorándole por medio de Cristo, Hijo de Dios, en el Espíritu Santo. Además, de tal modo se recuerdan en ella los misterios de la redención a lo largo del año, que, en cierto modo, se nos hacen presentes. Todas las demás acciones sagradas y cualesquiera obras de la vida cristiana se relacionan con ella, proceden de ella y a ella se ordenan»[1].

Vamos a glosar este texto tan denso y profundo.

En primer lugar, la santa Misa es acción de Cristo: la representación sacramental del sacrificio de Cristo. En ella se actualiza el sacrificio pascual del Señor, fuente de nuestra redención y de la perfecta glorificación del Padre[2].

En efecto, la víspera de su pasión, Cristo instituyó y confió a la Iglesia el rito que perpetúa por los siglos el sacrificio de su cuerpo entregado y de su sangre derramada: sacramento de pie-

---

[1] IGMR 16. Cfr. SC 10.42.102. • [2] Cfr. CCE 1366.

dad, signo de unidad, vínculo de amor, banquete pascual en el que se recibe a Cristo, el alma se llena de gracia y se nos da una prenda de la gloria futura[3].

La santa Misa es, pues, sacrificio porque la ofrenda pascual de Cristo se hace presente en la forma sacramental, instituida por el Señor, que la Iglesia celebra como acción memorial[4]; y su núcleo es la oración consagratoria que se pronuncia sobre las ofrendas del pan y del vino, «corazón y cumbre de la celebración»[5].

«Cumplimos este mandato del Señor celebrando *el memorial de su sacrificio*. Al hacerlo, *ofrecemos al Padre* lo que Él mismo nos ha dado: los dones de su creación, el pan y el vino, convertidos por el poder del Espíritu Santo y las palabras de Cristo, en el Cuerpo y la Sangre del mismo Cristo: así Cristo se hace real y misteriosamente *presente*»[6].

Por aquí se ve que la celebración eucarística tiene, pues, un dinamismo trinitario: acción de gracias y alabanza al *Padre*, memorial del sacrificio de *Cristo*, presencia real del Señor, por el poder de su Palabra y de su *Espíritu*[7]. También lo dice el texto referido: «culto que los hombres tributan al Padre, adorándole por medio de Cristo, en el Espíritu Santo».

De este modo, durante la santa Misa, los fieles participan en el misterio central de nuestra salvación, que es la Pascua del Señor, su paso de este mundo al Padre: el centro de toda vida cristiana... para todos los fieles individualmente. En la plegaria eucarística, con las mismas palabras de Cristo, contenidas en el relato de la institución, y por la acción del Espíritu Santo, los dones del pan y del vino son transformados en el cuerpo y en la sangre del Señor. Tomando parte en la comunión eucarística, los fieles reciben el cuerpo de Cristo, entregado para la redención de los pecados, y su sangre, derramada como sello de la

---

[3] Cfr. SC 47. • [4] Cfr. CCE 1365. • [5] Cfr. CCE 1352. • [6] CCE 1357.
[7] Cfr. CCE 1358.

nueva y definitiva Alianza del Padre con la humanidad. Así, recibiendo al Señor en el sacramento, anticipan la vida eterna, cuando Dios será todo en todos[8]. En definitiva, la eucaristía es el compendio y la suma de toda la liturgia y de la misma fe[9].

Pero la celebración eucarística es también sacrificio de la Iglesia, Cuerpo y Esposa de Cristo, porque ella, nacida del costado abierto del Señor en la cruz[10], se une a su Cabeza y Esposo mediante la celebración del rito sacramental. De este modo, la Iglesia ofrece al Padre el único sacrificio aceptable, convirtiéndose ella misma también en víctima agradable a su Dios.

Además, toda eucaristía celebrada en una comunidad local es celebración de toda la Iglesia, una y católica. De aquí que manifieste, de modo sensible, el ser de la Iglesia, pueblo de Dios jerárquicamente estructurado. Por eso, cada fiel toma parte en la santa Misa según su característica misión en la Iglesia, presididos todos por quienes participan por el sacramento del orden del sacerdocio de Cristo Cabeza y pueden actuar *in persona* de Jesucristo, único y verdadero sumo sacerdote y mediador entre Dios y los hombres[11]. Además, en la eucaristía, la Iglesia que peregrina en la tierra se une al eterno coro de la Iglesia celestial: ángeles y santos, que glorifican y dan gracias a Dios sin interrupción.

1. Ritos sacrificiales del culto de Israel

Está claro que Dios ha decidido salvarnos, pero ese designio lo ha llevado a cabo de forma progresiva, mirando hacia la plenitud de los tiempos: misterio pascual de Cristo. Por eso, aunque la eucaristía sea el misterio más característico y el compendio de la nueva Alianza, tiene unos anuncios o antecedentes en el Antiguo Testamento, que es necesario comprender.

---

[8] Cfr. 1 Co 15:28. • [9] Cfr. CCE 1327. • [10] Cfr. SC 5. • [11] Cfr. Hb 8.

En este apartado no se describen todas las figuras del misterio eucarístico, sino únicamente aquellos ritos del culto Israel que revestían un carácter sacrificial. Los sacrificios de Israel eran actos de culto con los que el pueblo expresaba la absoluta soberanía de Dios sobre la creación y buscaba la amistad, la benevolencia o el perdón divinos. Podían ser cruentos o incruentos.

Los *sacrificios cruentos* podían ser de tres tipos: holocaustos, sacrificios de comunión o de expiación[12]. En los *holocaustos*, ofrecidos como adoración a Dios o como expiación, la víctima era consumida completamente por el fuego. En los *sacrificios de comunión*, ofrecidos con el fin de cumplir algún deseo, dar gracias o alcanzar algún favor, los oferentes comían parte de la víctima. Característica de los sacrificios de comunión era, pues, que de la víctima participaban Dios, el sacerdote y el oferente. En los *sacrificios expiatorios,* ofrecidos para alcanzar el perdón por los pecados, jugaba un papel muy importante la sangre derramada y la carne sacrificada. El más característico era el sacrificio del *Yom Kippur:* según el ritual descrito en el Levítico[13], el sumo sacerdote entraba en el *sancta sanctorum* y ofrecía dos sacrificios: uno por la casta sacerdotal, y otro por el pueblo. Las connotaciones cristológicas y eucarísticas de este sacrificio son especialmente acusadas, a la luz de la carta a los Hebreos.

Los *sacrificios incruentos* eran aquellos en los que el oferente llevaba su ofrenda u *oblación* (flor de harina rociada con aceite, cocida o sin cocer) a los sacerdotes, quienes la quemaban parcialmente sobre el altar como «memorial», y se quedaban con el resto[14]. Cuando se ofrendaban como complemento de los sacrificios cruentos, se acompañaban de una libación de vino[15].

---

[12] Cfr. Lv 1-5. • [13] Cfr. Lv 16:11-33. • [14] Cfr. Lv 2:2-3.
[15] Cfr. Lv 23:13 y Nm 15:5-7.

1.1. El sacrificio de la Pascua

La pascua, fiesta primordial de Israel, conmemoraba los acontecimientos del Éxodo, cuando Dios liberó a su pueblo de la esclavitud y selló con él la alianza del Sinaí. Esta intervención de Dios en la historia de Israel estaba destinada a ser una realidad permanente: «este día será para vosotros memorable y lo celebraréis como fiesta del Señor; lo celebraréis como institución perpetua de generación en generación»[16]. La fiesta encontraba su centro en el sacrificio ritual del cordero y su posterior comida en un banquete de comunión.

La descripción del rito pascual se encuentra en dos textos de la sagrada Escritura: como mandato de Dios a Moisés[17], y como mandato divino transmitido por Moisés al pueblo[18]. Todos los años, el día 10 del primer mes de la primavera, cada familia separaba del resto del rebaño un cordero o cabrito de un año, sin defecto, que se inmolaba cuatro días después, entre las dos luces (sol y luna); con su sangre, se rociaba las jambas y el dintel de la puerta de la casa. Finalmente, ya entrada la noche, cada familia comía el cordero asado, con un sentido memorial: la sangre del cordero simbolizaba la intervención salvadora de Dios; las hierbas amargas, la amargura de la esclavitud; los panes ázimos, la salida precipitada; los vestidos ceñidos, la actitud de marcha. En sus orígenes, el sacrificio pascual pertenecía al culto doméstico, pero en tiempos del rey Josías se convirtió en fiesta de peregrinación a Jerusalén: los corderos se sacrificaban en el Templo, para ser posteriormente comidos en familia[19].

Después del exilio, la pascua adquirió una nueva dimensión. A la luz de los acontecimientos y de la teología del Éxodo, los profetas contemplaron la realidad futura de Israel, cuando Dios liberaría definitivamente a su pueblo. Y, así, la Pascua, además

---

[16] Ex 12:14. • [17] Ex 12:1-4- • [18] Ex 12:21-27. • [19] Cfr. 2 R 23:21-23.

de memorial de la liberación y de la alianza, se convirtió en fiesta de esperanza mesiánica.

2. El desarrollo histórico de la celebración eucarística

Cuáles fueron exactamente los gestos y fórmulas que Cristo siguió durante la Última Cena es un problema muy debatido[20]. No obstante, para la estructura de la celebración eucarística, la cuestión no es tan esencial, ya que el rito objeto del mandato memorial de Cristo nace, precisamente, de lo que dicen los relatos del Nuevo Testamento: «tomar, bendecir, dar gracias, partir, dar»[21]. Esta secuencia se recoge en la liturgia de todas las tradiciones eclesiales: presentación de dones, oración consagratoria de bendición y acción de gracias (plegaria eucarística), fracción del pan y comunión. Seguidamente, se describirá una breve historia del rito eucarístico en la liturgia romana.

2.1. La celebración eucarística en los primeros siglos

Los testimonios del **periodo apostólico** son escasos, breves y fragmentarios; pero aportan elementos muy valiosos para la comprensión del significado del rito. Desde los comienzos, la eucaristía se consideraba como la estructura esencial de la vida de la Iglesia madre de Jerusalén[22]. Por otra parte, en las comunidades procedentes de la gentilidad, el rito se acompañaba de las lecturas de la sagrada Escritura[23], costumbre extendida tam-

---

[20] Vid. *supra* el apratado correspondiente: «el memorial de la Nueva Alianza».
[21] Cfr. Mc 14:23-24, Mt 25:26-29, Lc 22:19-20 y 1 Co 11:23-26.
[22] Cfr. Hch 2:46-47.
[23] Cfr. Lc 24, 27:31 (relato de los discípulos camino de Emaús), texto que une conceptualmente la Ley y los Profetas —lecturas que constituían el núcleo del culto sinagogal— con la ya citada secuencia del rito de la celebración eucarística: cfr. CCE 1347.

bién a las comunidades de origen judío tras la expulsión de la sinagoga. Por último, la celebración dominical aparece ya como una institución consolidada[24].

Durante el **siglo II** encontramos ya más testimonios, tanto de autores cristianos, como paganos (Plinio el Joven). Destacan las noticias de la Apología I que Justino dedicó al emperador Antonino Pío, a mediados de siglo. En ese documento, la celebración eucarística aparece ya estructurada en torno a los dos ejes conocidos: Palabra de Dios (lecturas de la sagrada Escritura, homilía, oración común, ósculo de la paz) y rito eucarístico (presentación de los dones del pan y del vino, consagración mediante la plegaria de acción de gracias, comunión). Tal estructura fundamental «se ha conservado a través de los siglos»[25].

Un documento del **siglo III**, la *Traditio Apostolica*, incluye todos los elementos de la plegaria eucarística: diálogo de introducción, alabanza, relato de la institución, anámnesis, epíclesis, doxología, amén conclusivo.

2.2. La celebración eucarística romana hasta la reforma tridentina (siglos IV-XVI)

Del periodo que empieza con la paz de Constantino y termina con el Imperio carolingio —fase denominada clásica: **siglos IV-VIII**—, proceden las primeras fuentes litúrgicas de la Iglesia romana que han llegado hasta nosotros: formularios y libros destinados a la celebración, en forma de fascículos (*libelli*) o de colecciones completas: *sacramentarios*.

Ahí se contienen ya los elementos que conocemos en la actualidad: *eucología* mayor (prefacio y plegaria eucarística: *canon romano*) y menor (oración colecta, *super oblata* y de poscomu-

---

[24] Cfr. Hch 20:7ss. • [25] Cfr. CCE 1345-1346.

nión); lecturas de la Escritura acompañadas de los responsorios, canto del *aleluya* y homilía; gestos como la veneración al altar, la *commixtio* (el momento en que el sacerdote introduce una partícula de pan consagrado en el cáliz); cantos como el *Kyrie*, el Gloria y, a partir del siglo VII, el *agnus Dei*...

La característica más señalada del desarrollo litúrgico medieval (**siglos IX-XV**) es la proliferación de las *apologías* (oraciones del sacerdote destinadas a su purificación interior) y la composición de *secuencias*, textos poéticos para acompañar a la lectura del evangelio. Durante este periodo, se fusionan los libros litúrgicos en un solo volumen (el *misal plenario*), y se extiende la costumbre de recitar en secreto distintas partes de la misa, algunas tan importantes como el Canon o tan significativas como la oración sobre las ofrendas, que, por eso, pasó a denominarse *secreta*.

Por otra parte, en esta época, se deteriora la participación del pueblo cristiano en la celebración eucarística, y se produce un alejamiento masivo de la comunión sacramental, hasta el punto de que la Iglesia se vio urgida a imponer, en el concilio IV de Letrán (año 1215), la obligación de comulgar al menos una vez al año. Para compensar esta deficiencia y mantener una participación sensible en el misterio, surgieron nuevos gestos como la elevación de la hostia consagrada..., que permitieran, al menos, una comunión visible y espiritual.

2.3. *La misa tridentina (siglos XVI-XX)*

La decadencia litúrgica de la Baja Edad Media, más el desafío de la doctrina eucarística de la reforma protestante, con el inminente peligro para la fe del pueblo, dada la deficiente formación del clero, mostraron la urgente necesidad de una revisión autorizada del rito de la misa.

Con este fin, durante el concilio de Trento se decidió la revisión de los libros litúrgicos y la publicación del nuevo misal.

Los trabajos concluyeron con san Pío V, quien promulgó el misal reformado en 1570 y lo estableció como obligatorio para toda la Iglesia latina, salvo aquellas diócesis y órdenes religiosas que tuvieran una liturgia propia con más de doscientos años de antigüedad. El criterio guía de la elaboración del misal fue el retorno a las fuentes[26], con el fin de restaurar la liturgia romana en toda su pureza.

El misal tridentino redujo a sus justos límites las misas votivas y de los santos; suprimió la mayor parte de las secuencias; revisó las oraciones privadas y los gestos del celebrante, eliminando aquellas expresiones desordenadas fruto de una mal entendida devoción individual... Se abrió así un periodo de uniformidad litúrgica en la celebración eucarística de la Iglesia romana.

San Pío X impulsó la renovación litúrgica con el motu proprio *Tra le sollecitudine* y con algunas medidas (posibilidad de celebrar misas vespertinas, renovación del triduo pascual). También hay que destacar la labor reformadora de Pío XII (cfr. capítulo I), en cuyo pontificado se restauró la vigilia pascual y la semana santa, y se publicó un nuevo código de rúbricas.

2.4. *La reforma del concilio Vaticano II*

El misal romano de 1970, promulgado por Pablo VI, es fruto de las determinaciones acordadas por el Concilio Vaticano II: «revísese el ordinario de la Misa, de modo que se manifieste con mayor claridad el sentido propio de cada una de las partes y su mutua conexión y se haga más fácil la piadosa y activa participación de los fieles»[27].

---

[26] Tal criterio fue consignado por Pío V en la bula *Quo primum tempore* (14-VII-1570), con la que se promulga el misal: «ad pristinam Missale ipsum sanctorum Patrum normam ac ritum restituerunt».
[27] SC 50.

Los *criterios normativos* de la reforma debían ser, por tanto, la claridad estructural del *ordo missae* y favorecer la participación de los fieles; aspectos que la constitución conciliar consideraba estrecha y mutuamente vinculados[28].

Los motivos de la elección de la *participación litúrgica* como criterio normativo parecen claros, ya que este aspecto está en el corazón mismo de la *cuestión litúrgica*. En efecto, si la vida de fe es esencialmente una experiencia de *encuentro* salvífico del hombre con Dios, y el culto eclesial es el *lugar* primordial donde este encuentro sucede, la *participación* de los fieles en la liturgia es, entonces, requisito indispensable.

Con este objetivo, el concilio ofreció algunas *indicaciones* para orientar la futura revisión, que debía estar regida por el principio de la *tradición*, según el enunciado, ya presente en la reforma tridentina, de la «vuelta a la primera norma»: «en consecuencia» afirma el Concilio «simplifíquense los ritos, conservando con cuidado la sustancia; suprímanse aquellas cosas menos útiles que, al correr del tiempo, se han duplicado o añadido; restablézcanse, en cambio, de acuerdo con la primitiva norma de los santos Padres, algunas cosas que han desaparecido a causa del tiempo, según se estime conveniente o necesario»[29].

En fidelidad a la petición conciliar, tales orientaciones dirigieron el proyecto de renovación del misal. Además de la *revisión del ordinario* y *simplificación de los ritos*, la reforma debía procurar: la confección de un nuevo *leccionario* que contuviera las partes más importantes de la Escritura; la recomendación y, en los días festivos, obligatoriedad de la *homilía*; el restableci-

---

[28] El segundo criterio hundía sus raíces en una feliz expresión, *actuosa participatio*, acuñada por san Pío X a comienzos del siglo XX, como norma de sus actuaciones en materia litúrgica. Cfr. Pío X, motu proprio *Tra le sollicitudini* (22-11-1903): «Cuadernos Phase» 112, Barcelona 2001, 36.

[29] SC 50.

miento de la *oración común* o *de los fieles*; la admisión, al menos en las lecturas, de la *lengua local*; la autorización, en algunos casos, de la *comunión bajo las dos especies* y de la *concelebración*[30].

3. Estructura de la celebración eucarística[31]

La celebración eucarística se desarrolla conforme a una estructura fundamental que se ha conservado a través de los siglos y que comprende dos secciones rituales: liturgia de la palabra y rito eucarístico[32]. Esta conjunción se advierte ya en la Iglesia apostólica[33] y proviene de la unión de los elementos del culto en la sinagoga (liturgia de la Palabra) y del rito instituido por Cristo (liturgia eucarística); pero ambas conforman una misma y única celebración sacramental.

«Liturgia de la Palabra y liturgia eucarística constituyen juntas "un solo acto de culto" (SC 56); en efecto, la mesa preparada para nosotros en la eucaristía es a la vez la de la Palabra de Dios y la del cuerpo del Señor (cfr. DV 21)»[34].

Estos dos elementos responden, teológicamente, al actuarse del misterio de la salvación en la historia: anuncio (Antiguo Testamento) y cumplimiento (Cristo-Iglesia), de manera que cuanto se anuncia en la proclamación de la Palabra (el misterio de Cristo) se actúa (se manifiesta, hace presente y comunica) en el rito sacramental.

---

[30] Cfr. P. Farnés Scherer, *La reforma del misal romano*: J.I. Varela (coord.), *Encuentros Teológicos II*, Centro de Cultura Teológica de Guadalajara 2002, 92.

[31] Cfr. IGMR 27-90.

[32] CCE 1346.

[33] «He aquí el mismo dinamismo del banquete pascual de Jesús resucitado con sus discípulos: en el camino les explicaba las Escrituras, luego, sentándose a la mesa con ellos, «tomó el pan, pronunció la bendición, lo partió y se lo dio» (cfr. Lc 24,13- 35)»: CCE 1347.

[34] CCE 1346.

3.1. Liturgia de la Palabra

Preceden a la liturgia de la Palabra los *ritos de introducción*: canto de entrada, saludo del celebrante al altar y a la asamblea, acto penitencial, canto del *Gloria*, y oración colecta. Son gestos de introducción y preparación. Los fieles, mediante estos ritos, se reconocen como asamblea santa y se disponen para participar dignamente en la celebración[35].

El **canto de entrada** tiene como fin abrir la celebración, fomentar la unión de los fieles reunidos y elevar sus corazones para la contemplación del misterio litúrgico del día, mientras se acompaña la procesión de sacerdotes y ministros[36]. El *Liber Pontificalis* atribuye su introducción al Papa Celestino I (422-431).

Mediante el **saludo**, el sacerdote anuncia a la asamblea congregada la presencia del Señor. Este saludo sacerdotal y la respuesta de los fieles manifiestan, a su vez, el misterio de la Iglesia, convocada a celebrar la gloria de Dios[37].

Con el **acto penitencial**, la comunidad reunida se reconoce pecadora ante Dios y sus hermanos en la fe, pues el pecado es siempre una ofensa a Dios y a la santidad de la Iglesia[38]. La introducción del acto penitencial para toda la asamblea reunida es una novedad del misal del concilio Vaticano II. Durante la Edad Media se había difundido la fórmula del *confiteor*, como oración personal del sacerdote.

El himno del *Gloria* es una de las más antiguas composiciones de la Iglesia. Su inclusión en la liturgia eucarística procede de finales del siglo IV o comienzos del siglo V, en Roma, para la celebración del día de Navidad presidida por el Papa. Mediante el canto del Gloria, la Iglesia, congregada en el Espíritu Santo, glorifica a Dios Padre y a su Hijo unigénito, y le presenta sus súplicas[39].

---

[35] Cfr. IGMR 46. • [36] Cfr. IGMR 47. • [37] Cfr. IGMR 50.
[38] Cfr. IGMR 51. • [39] Cfr. IGMR 53.

La **oración colecta**, introducida probablemente a mediados del siglo V por san León Magno, expresa el motivo e índole de la celebración. Los fieles dirigen, mediante la oración sacerdotal, su súplica a Dios Padre, por Cristo en el Espíritu Santo, y manifiestan su asentimiento por medio de la aclamación conclusiva: *amén*[40].

La liturgia de la Palabra, cuyo núcleo y culmen es la proclamación del Evangelio, está constituida por las lecturas de la sagrada Escritura (Antiguo y Nuevo Testamento) con sus cantos interleccionales (salmo responsorial, *aleluya* y, en su caso, secuencia), la homilía, la profesión del símbolo de la fe y la oración universal u oración de los fieles[41].

En las **lecturas**, Dios habla a su pueblo, le descubre el misterio de la redención y salvación y le ofrece alimento espiritual; y el mismo Cristo, por su palabra, se hace presente en medio de los fieles. El pueblo asume esta palabra divina con los cantos y se adhiere a ella con la aclamación conclusiva[42]. El leccionario actual consta de un ciclo festivo trienal de tres lecturas y un ciclo ferial de dos lecturas, bienal para la primera.

Durante la **homilía**, el sacerdote celebrante (u otro ministro ordenado, en casos excepcionales), glosa algún aspecto particular de las lecturas o de otro texto litúrgico del día, teniendo presente tanto el misterio que se celebra como las particulares necesidades de los oyentes[43].

La **profesión de fe o *Credo***, según la fórmula niceno-constantinopolitana, fue introducida por vez primera en la liturgia a mediados del siglo VI, en el Oriente bizantino, y emplazada antes del comienzo de la celebración eucarística propiamente dicha. En Roma, su inclusión data del siglo XI. La proclamación del símbolo tiende a que la asamblea eclesial dé su asentimiento y su respuesta, mediante la norma de la fe, a la palabra de Dios proclamada en las lecturas[44].

---

[40] Cfr. IGMR 54. • [41] Cfr. IGMR 55. • [42] Cfr. *ibid.*
[43] Cfr. IGMR 65-66. • [44] Cfr. IGMR 67-68.

Con la **oración de los fieles**, el pueblo cristiano, ejercitando su oficio sacerdotal, ruega por todos los hombres y las necesidades del mundo. Generalmente, las intenciones tienen presentes las necesidades a) de la Iglesia universal; b) de la sociedad; c) de las personas y d) de la comunidad local[45]. Este modelo de oración universal fue introducido con la reforma del concilio Vaticano II, si bien la liturgia romana conocía en su periodo clásico la forma denominada de las *orationes sollemnes* (un vestigio ha llegado hasta nosotros en la liturgia del viernes santo) y también de peticiones en forma de letanías.

3.2. *Liturgia eucarística*

En la Última Cena, Cristo instituyó el convite pascual, por medio del cual el sacrificio de la Cruz se vuelve continuamente presente en la Iglesia cuando el sacerdote, que representa a Cristo, realiza la acción que el mismo Señor cumplió y ordenó a sus discípulos que hicieran en su memoria. En efecto, Cristo tomó en sus manos el pan y el cáliz, recitó la plegaria de acción de gracias, partió el pan y dio a sus discípulos el pan y el vino, diciendo: «tomad, comed, bebed; esto es mi Cuerpo; éste es el cáliz de mi Sangre. Haced esto en conmemoración mía.» De ahí que la Iglesia haya estructurado la celebración de la liturgia eucarística a partir de las acciones que responden a las palabras y gestos del Señor[46].

La **presentación de dones** significa la participación de todos los fieles en el sacrificio sacramental que se ofrecerá mediante la plegaria sobre las ofrendas del pan y del vino. En los primeros siglos de la Iglesia, los fieles llevaban de sus casas los dones que debían ser ofrecidos, que eran presentados al sacerdote por un diácono. De aquí que ahora, en este momento de la celebra-

---

[45] Cfr. IGMR 69-71. • [46] Cfr. IGMR 72.

ción, los fieles hagan sus donaciones para el sostenimiento del culto. El rito concluye con la **oración sobre las ofrendas**, que prepara a la asamblea para su participación en la gran oración eucarística. La Iglesia ruega para que, unidos a la oblación de Cristo, los fieles ofrezcan su existencia al Padre.

La **plegaria eucarística** constituye el núcleo de la celebración sacramental y de toda la liturgia, pues en virtud de esa oración se hace presente Cristo mismo y su sacrificio redentor, en su doble vertiente de glorificación (alabanza, adoración, acción de gracias) y santificación (propiciación e impetración por los vivos y difuntos).

No es de extrañar, por tanto, que la *Ordenación General del Misal Romano* se refiera a la plegaria eucarística en los siguientes términos: «ahora empieza el centro y la cumbre de toda la celebración, a saber, la plegaria eucarística, que es una plegaria de acción de gracias y de consagración. El sacerdote invita al pueblo a elevar el corazón hacia Dios, en oración y acción de gracias, y lo asocia a su oración que él dirige en nombre de toda la comunidad, por Jesucristo en el Espíritu Santo, a Dios Padre. El sentido de esta oración es que toda la congregación de los fieles se una con Cristo en el reconocimiento de las grandezas de Dios y en la ofrenda del sacrificio»[47].

La plegaria eucarística responde a la estructura y al contenido teológico-salvífico de la oración que Cristo pronunció durante la Última Cena. Todas las anáforas tienen la misma estructura teológica, compuesta por las siguientes dimensiones:

a) alabanza y bendición a Dios Padre por las maravillas que ha obrado en la historia,

b) invocación para que el Padre envíe al Espíritu que obre la consagración de los dones,

---

[47] IGMR 78.

c) súplica en favor de la Iglesia toda: vivos y difuntos,
d) glorificación al Padre por Cristo en el Espíritu Santo.

Esta estructura se expresa mediante una secuencia de elementos eucológicos, comunes y siempre presentes en las plegarias eucarísticas de todas las tradiciones eclesiales: alabanza-acción de gracias, epíclesis, relato de la institución, anámnesis, intercesiones y doxología. Será precisamente el diverso modo de articular dichos elementos el criterio que configure a las distintas familias de anáforas[48].

alabanza-acción de gracias. Se expresa en el prefacio y culmina en la aclamación de la asamblea que, unida a la Iglesia celestial, entona el canto del «trisagio» (*Santo*): el sacerdote, en nombre de todo el pueblo santo, glorifica a Dios Padre y le da gracias por toda su obra de la salvación o por alguno de sus aspectos particulares, según el carácter de la celebración, fiesta o tiempo litúrgico[49].

epíclesis. La anáfora romana posee dos epíclesis: una, consagratoria, por la que la Iglesia, representada por el sacerdote que actúa *in persona Christi capitis,* implora el poder de la bendición divina —el Espíritu Santo— para que los dones del pan y del vino sean consagrados y se conviertan en el cuerpo y la sangre de Cristo; y otra, de comunión, por la que se invoca el auxilio divino sobre los fieles presentes, para que sean un solo cuerpo y un solo espíritu en Cristo, y estén espiritualmente preparados para recibir el sacramento eucarístico.

relato de la institución. Con las mismas palabras de Cristo, la narración de la institución hace sacramentalmente presente,

---

[48] A modo de síntesis, podemos señalar las familias alejandrina, antioquena y siro-oriental, para el Oriente cristiano; y la romana, expresada en el *canon* —texto proveniente de la paleoanáfora latina, substrato común de todas las tradiciones occidentales— y en las demás plegarias del misal reformado a instancias del concilio Vaticano II.

[49] Acerca de los elementos estructurales de la anáfora: cfr. CCE 1352-1354 e IGMR 79.

bajo las especies del pan y del vino, el cuerpo y la sangre de Cristo, actualizando su sacrificio ofrecido de una vez para siempre en la cruz. Esta presencia se opera por la fuerza de las palabras y acciones de Cristo y el poder del Espíritu Santo.

anámnesis. La Iglesia, cumpliendo el encargo que recibió de Cristo, evoca el misterio pascual del Señor: su pasión, resurrección, ascensión y entronización a la derecha del Padre, y su retorno glorioso; y presenta al Padre la ofrenda de su Hijo. Toda la Iglesia y cada uno de los fieles se unen al sacrificio de Cristo, ofreciéndose con El al Padre.

*las *intercesiones* expresan que la eucaristía se celebra en comunión con toda la Iglesia, del cielo y de la tierra, y con sus legítimos pastores; y en favor de todos sus miembros, vivos y difuntos.

*la *doxología,* alabanza trinitaria, expresa el fin último de la celebración eucarística y de la misma existencia del hombre: la gloria de Dios. Concluye con la aclamación de toda la asamblea santa, que con su *amén* ratifica la oración sacerdotal.

Como la celebración de la eucaristía es al mismo tiempo memorial del sacrificio de Cristo y convite pascual con el sacramento de su cuerpo y su sangre: todo el rito se orienta hacia la unión íntima de los fieles con Cristo, mediante la comunión sacramental[50]. Por eso, los fieles participan más plenamente del sacrificio de la cruz al recibir el sacramento del cuerpo y la sangre de Cristo.

Los **ritos de comunión** tienden, precisamente, a que esa recepción sea más consciente y devota. Según el actual *ordo* de la liturgia romana, este momento engloba también a la **fracción del pan**, elemento estructural de la celebración eucarística, según el rito instituido por el Señor.

La *oración dominical* es la plegaria que el mismo Cristo enseñó a sus discípulos. En ella se pide el pan de cada día —que,

---

[50] Cfr. CCE 1382.

para los cristianos, es fundamentalmente el pan eucarístico— y se implora la purificación de los pecados para que «las cosas santas se den a los santos». Acompañan a la plegaria una invitación a la oración, un embolismo, para suplicar la liberación del mal, y una doxología, aclamada por los fieles[51].

Actualmente, con la reforma del concilio Vaticano II, el gesto del *rito de la paz* precede a la fracción, como un signo por el cual los fieles se expresan mutuamente la paz y la caridad[52].

La *fracción del pan* mantuvo durante siglos un carácter también práctico: preparar las partículas de pan consagrado que se distribuían en la comunión sacramental. No obstante, desde sus orígenes, el rito quiere expresar que los cristianos, por la comunión en el solo pan de vida, que es Cristo, se convierten en un solo Cuerpo con Él: la Iglesia[53].

El canto del *agnus Dei* se introdujo en la liturgia romana (finales del siglo VII) para acompañar a la fracción del pan. En los siglos IX-X, el canto se desplazó al momento del rito de la paz. El *ordo missae* renovado tras el concilio Vaticano II ha devuelto el canto del *agnus Dei* a su primitiva ubicación.

El rito de la *immixtio* o *commixtio* —introducir una partícula de pan consagrado en el cáliz— aparece en todas las tradiciones litúrgicas primitivas, aunque su significado no fuera uniforme. Actualmente, la unión de las dos especies simboliza a la única persona de Cristo glorioso, presente de forma total y viva en la eucaristía; y subraya, al mismo tiempo, la unicidad del sacramento en sus dos especies.

La *comunión eucarística* es el punto hacia el que confluye toda la celebración, puesto que, si de una parte, la «mesa de la Palabra» pide ser completada con la «mesa del Pan de vida», la consagración de los dones tiende no sólo a glorificar y dar gracias a Dios Padre por la presencia perenne de su Hijo entre los

---

[51] Cfr. IGMR 81. • [52] Cfr. IGMR 82. • [53] Cfr. IGMR 83.

hombres, sino también a que los fieles se unan a Cristo, sumiendo sacramentalmente su cuerpo entregado y su sangre derramada para la salvación de los hombres. «La celebración del sacrificio eucarístico está totalmente orientada hacia la comunión íntima con Cristo por medio de la comunión. Comulgar es recibir a Cristo mismo que se ofrece por nosotros»[54]. Por eso, el concilio Vaticano II no duda en afirmar que «la participación más perfecta en la misa consiste en que los fieles, después de la comunión del sacerdote, reciban del mismo sacrificio el cuerpo del Señor»[55]. Mientras el sacerdote comulga, comienza el canto de comunión, que expresa por la unión de voces, la unión espiritual de quienes comulgan y muestra la alegría del corazón[56].

A partir del siglo VI, la liturgia romana sustituyó el diálogo que, desde muy antiguo, acompañaba a la comunión de los fieles, por otras fórmulas que ya no incluían la respuesta del comulgante. La liturgia actual ha recuperado la aclamación transmitida por san Ambrosio de Milán (siglo IV): *Corpus Christi. Amen.* Con su respuesta, el fiel confiesa su fe y su compromiso para vivir en conformidad con la santidad del sacramento que recibe.

La comunión bajo las dos especies, conservada en Oriente hasta nuestros días, fue también la norma ordinaria de la tradición romana hasta el siglo XII, fecha en la que, de modo progresivo, se introdujo la comunión bajo la sola especie del pan, a consecuencia tanto del desarrollo teológico provocado por las controversias eucarísticas (desconocidas en Oriente), como de motivos prácticos. En cualquier caso, el mandato institucional referente al cáliz quedaba observado con la comunión del sacerdote. La respuesta doctrinal y teológica definitiva fue dada durante el concilio de Trento. Ahora bien, como las normas disciplinares tridentinas se enmarcaban en el contexto polémico de

---

[54] CCE 1382. • [55] Cfr. SC 55. • [56] Cfr. IGMR 86.

la «reforma», el concilio Vaticano II, manteniendo vigentes «los principios dogmáticos de Trento»[57] decidió restablecer la comunión bajo las dos especies en determinados supuestos, más tarde precisados en otros documentos magisteriales[58].

La *oración después de la comunión* da gracias a Dios por la eucaristía celebrada. El sacerdote ruega por los frutos de los divinos misterios y los fieles se unen a las intenciones con la aclamación del «amén»[59].

El **rito de conclusión** consta de un saludo y bendición sacerdotales, que, en algunos días, puede ampliarse con la oración «sobre el pueblo», y de la despedida de la asamblea santa; de modo que los fieles vuelvan a sus quehaceres ordinarios alabando y bendiciendo a Dios con la ofrenda espiritual de su vida[60].

4. Culto eucarístico

«La Iglesia católica ha dado y continúa dando este culto de adoración que se debe al sacramento de la eucaristía no solamente durante la misa, sino también fuera de su celebración: conservando con el mayor cuidado las hostias consagradas, presentándolas a los fieles para que las veneren con solemnidad, llevándolas en procesión»[61].

El culto eucarístico fuera de la misa se remonta a los siglos XII-XIII. En sus orígenes, se unieron varios factores: la necesidad de facilitar una participación sensible en el misterio euca-

---

[57] SC 55.
[58] Las últimas disposiciones se encuentran en IGMR 283 y Congregación para el culto divino y la disciplina de los sacramentos, instrucción *Redemptionis Sacramentum* (25-III-2004) 100-106.
[59] Cfr. IGMR 89.
[60] Cfr. IGMR 90.
[61] Pablo VI, carta encíclica *Mysterium Fidei* (3-IX-1965) 56. Cfr. CCE 1378.

rístico, en un periodo de alejamiento de la comunión sacramental por parte de los fieles; la urgencia de una afirmación de la fe eclesial en la presencia real de Cristo, ante algunas ideas que desvirtuaban esa verdad; una nueva sensibilidad espiritual centrada en la humanidad de Jesucristo; el sucederse de milagros eucarísticos... No obstante, en última instancia, el hecho responde a una progresiva profundización teológica y eclesial acerca del misterio de la eucaristía: la conciencia de la importancia capital que, para la vida de la Iglesia y del mundo, posee la presencia siempre actual y perenne de Cristo en la historia.

Surgieron así, durante la baja Edad Media, devociones y costumbres eucarísticas muy diversas: elevación del pan consagrado después de las palabras de la institución; desarrollo del lugar de la reserva eucarística; instauración de la fiesta del cuerpo y la sangre del Señor, y de las procesiones eucarísticas... A partir de entonces y hasta nuestros días, este culto ha acogido formas muy diversas según las distintas épocas culturales.

Entre los muchos ejercicios de adoración y devoción a la presencia real de Cristo en la eucaristía, el ritual actualmente en vigor recomienda aquellos que poseen ya una larga tradición eclesial, como la *exposición y bendición con el santísimo sacramento*, en sus modalidades más o menos solemnes, y las *procesiones eucarísticas*[62].

---

[62] Cfr. *Ritual de la sagrada comunión y del culto a la eucaristía fuera de la misa* (21-VI-1973).

Capítulo VII

LA CELEBRACIÓN LITÚRGICA
DE LOS SACRAMENTOS

1. La *iniciación* cristiana

«Desde los tiempos apostólicos, para llegar a ser cristiano se sigue un camino y una iniciación que consta de varias etapas. Este camino [...] comprende siempre algunos elementos esenciales: el anuncio de la Palabra, la acogida del evangelio que lleva a la conversión, la profesión de fe, el bautismo, la efusión del Espíritu Santo, el acceso a la comunión eucarística»[1].

Así, pues, la iniciación cristiana consiste en introducirse en el misterio salvador de Cristo: «así como Cristo fue enviado por el Padre, Él a su vez envió a los apóstoles, llenos del Espíritu Santo. No sólo los envió a predicar el evangelio a toda criatura y a anunciar que el Hijo de Dios, con su muerte y resurrección, nos libró del poder de Satanás y de la muerte, y nos condujo al reino del Padre, sino también a realizar la obra de salvación que proclamaban, mediante el sacrificio y los sacramentos, en torno a los cuales gira toda la vida litúrgica. Y así por el bautismo los hombres son injertados en el misterio pascual de Jesucristo: mueren con Él, son sepultados con Él y resucitan con Él; reci-

---

[1] CCE 1229.

ben el espíritu de adopción de hijos *por el que clamamos: Abba, Padre* (Rm 8:15), y se convierten así en los verdaderos adoradores que busca el Padre. Asimismo, cuantas veces comen la cena del Señor, proclaman su muerte hasta que vuelva»[2].

Bautismo, confirmación y eucaristía son los *sacramentos de la iniciación cristiana*, porque introducen de modo progresivo a los fieles en el misterio de Cristo y de su Iglesia. A lo largo de los siglos, este proceso ha conocido circunstancias y desarrollos rituales diversos[3], pero su estructura ha permanecido siempre idéntica, en torno a las celebraciones del bautismo (lavado acompañado de una fórmula de fe trinitaria), confirmación (un rito que comunique el don del Espíritu Santo mediante un gesto apropiado) y recepción de la eucaristía. La recuperación del significado salvífico de la iniciación cristiana ha recibido durante el siglo XX un fuerte impulso con el movimiento de renovación litúrgica.

«Por los sacramentos de la iniciación cristiana, los hombres, libres del poder de las tinieblas, muertos, sepultados y resucitados con Cristo, reciben el Espíritu de los hijos de adopción y celebran con todo el pueblo de Dios el memorial de la muerte y resurrección del Señor.

En efecto, incorporados a Cristo por el bautismo, constituyen el pueblo de Dios, reciben el perdón de todos sus pecados, son arrancados del dominio de las tinieblas y pasan al estado de hijos adoptivos, convertidos en una nueva criatura por el agua y el Espíritu Santo. Por esto, se llaman y son hijos de Dios.

Marcados luego en la confirmación por el don del Espíritu, son más perfectamente configurados al Señor y llenos del Espíritu Santo, a fin de que den testimonio de Él ante el mundo, para llevar cuanto antes el Cuerpo de Cristo a su plenitud.

---

[2] SC 6. • [3] Cfr. CCE 1230.

Finalmente, participando en la asamblea eucarística, comen la carne del Hijo del hombre y beben su sangre, a fin de recibir la vida eterna y expresar la unidad del pueblo de Dios; y, ofreciéndose a sí mismos con Cristo, contribuyen al sacrificio universal en el cual se ofrece a Dios, a través del Sumo Sacerdote, toda la Ciudad misma redimida; y piden que, por una efusión más plena del Espíritu Santo, llegue todo el género humano a la unidad de la familia de Dios.

Por tanto, los tres sacramentos de la iniciación cristiana se ordenan entre sí para llevar a su pleno desarrollo a los fieles, que ejercen la misión de todo el pueblo cristiano en la Iglesia y en el mundo»[4].

1.1. La iniciación cristiana en la historia

Los textos del Nuevo Testamento contienen numerosas alusiones a los ritos de iniciación sacramental de la Iglesia del periodo apostólico. Por los términos empleados (*bautismo*) sabemos que el gesto consistía primordialmente en un baño, en el nombre de la Trinidad, completado por otras acciones significativas, como la imposición de la mano. Algunos documentos aluden ya a la catequesis previa, al ayuno, a la triple inmersión del candidato... Por otra parte, la *Apología I* de san Justino, menciona también la renuncia a Satanás y la adhesión a Cristo, y confirma la participación inmediata del bautizado en la celebración eucarística.

A partir de finales del siglo II y hasta los siglos V-VI, se suceden con más detalle las noticias referentes a los misterios bautismales[5], al tiempo que se asiste al desarrollo y consolidación de la institución del catecumenado.

---

[4] OBP: *Observaciones Generales* 1-2.
[5] Tal es la expresión que la literatura patrística emplea para referirse a los sacramentos del bautismo y la confirmación: vid. J.L. Gutiérrez-Martín, *Iglesia y Liturgia...* 133-152.

El catecumenado era un periodo de preparación para la recepción de los misterios de la iniciación, asociada generalmente a las fiestas pascuales. Por lo general, se dividía en dos periodos (preparación remota, de uno a tres años, y preparación próxima, durante la cuaresma), que daban lugar a dos categorías de catecúmenos: *audientes* y *competentes* o *electi*. En el periodo inmediato a la recepción sacramental jugaban un papel primordial los escrutinios y exorcismos, y la consigna y «devolución» —*traditio-redditio*— del símbolo de la fe y, en algunas tradiciones, de la oración dominical[6].

Durante esa época, la celebración de los misterios bautismales giraba en torno a los tres gestos sacramentales del lavado en el nombre trinitario, la unción con el crisma y la imposición de la mano (sacramentos del bautismo y confirmación).

De forma sintética, los ritos podrían resumirse del siguiente modo: a) ritos previos: bendición de la piscina bautismal, exorcismo, renuncia al diablo, unción con el óleo del exorcismo; b) ritos sacramentales: triple inmersión en el agua acompañada por la triple confesión de la fe trinitaria (bautismo) y unción con el crisma e imposición de la mano (confirmación); c) gestos complementarios: consignación, entrega de la vestidura blanca, lavatorio de pies... Una vez completados los ritos bautismales, los neófitos participaban en la celebración eucarística, recibiendo por vez primera el sacramento del cuerpo y de la sangre del Señor.

La institución catecumenal se debilitó a partir de los siglos V-VI, debido a la progresiva generalización del bautismo de niños. Y ya desde el siglo XII, la extensión de la praxis del bautismo de los recién nacidos hizo que se fuera perdiendo la unidad litúrgica de los sacramentos de la iniciación.

La fórmula bautismal interrogativa (la triple confesión de la fe trinitaria en respuesta a las preguntas del ministro: *credis*

---

[6] Vid. *ibid*. 153-170.

in...? credo) fue sustituida por una fórmula indicativa (*yo te bautizo...*), hasta entonces reservada a los casos de los moribundos. Del mismo modo, aunque todavía en el siglo XIII santo Tomás de Aquino señalara que la forma más segura de administrar el sacramento era por inmersión[7], la praxis de la *infusión* (derramar agua sobre la cabeza), pese a lo que establecieran las rúbricas de los rituales, ya estaba plenamente difundida a finales de la edad media. Por otra parte, durante este periodo, el rito de la confirmación reunió en un solo gesto la unción con el crisma, la imposición de la mano y la consignación.

Cuando se reservó al obispo la administración del sacramento de la confirmación y, al mismo tiempo, se prohibió la recepción del sacramento de la eucaristía «antes del uso de razón», comenzó a perderse la unidad litúrgica de los sacramentos de iniciación. Hasta entonces los neonatos e infantes recibían la primera eucaristía en el momento de la confirmación. El nuevo proceder se impuso a raíz de la norma sobre la obligación de comulgar al menos una vez al año, llegado el uso de razón (concilio Lateranense IV, año 1215).

A partir de la praxis en uso, el *Ritual romano* de 1614, promulgado después de Trento, separó definitivamente las celebraciones del bautismo y de la confirmación, y pasó por alto sus relaciones con la eucaristía. El ritual contemplaba dos celebraciones bautismales típicas: *Ordo baptismi adultorum* y *Ordo baptismi parvulorum* (adaptación del anterior a las especiales circunstancias de los recién nacidos), compuestos con los elementos de la antigua tradición reducidos a una consideración meramente simbólica.

Por último, a mediados del siglo XX se llegará, en la tradición romana, a la última consecuencia del proceso de pérdida

---

[7] Cfr. Tomás de Aquino, *Summa theologiae* III, 66:7 *respondeo*.

de unidad en los sacramentos de la iniciación cristiana: el retraso de la recepción de la confirmación respecto a la de la eucaristía. La costumbre de retrasar la confirmación hasta bien entrada la adolescencia se generaliza después del concilio Vaticano II, ya que cuando surgió en algunos países europeos, Benedicto XIV (1740-1758) la desautorizó y, probablemente, el concilio Vaticano I la habría prohibido, de no haber sido bruscamente interrumpido[8]. De aquí que León XIII afirmara que «el criterio introducido [posponer la confirmación a la eucaristía] estaba en abierta oposición con la antigua y constante praxis eclesial y con la utilidad de los fieles»[9]. Por otra parte, cuando san Pío X estableció la primera recepción de la eucaristía en torno a la edad del «uso de razón», la confirmación debía preceder a la «primera comunión», aunque no siempre sucediera así en la práctica.

En el origen de la actual deformación de la praxis litúrgica, se encuentran algunas teorías pseudo-pastorales de naturaleza psico-sociológica, en detrimento de la verdad teológica del sacramento y, también, de la conveniencia para la vida espiritual y la existencia cristiana de los fieles.

Las últimas afirmaciones magisteriales, particularmente el concilio Vaticano II y el Catecismo de la Iglesia, han devuelto a la concepción unitaria de los sacramentos de iniciación —al menos, en un nivel teológico— su valor para la comprensión de la naturaleza de la existencia cristiana. De acuerdo con las disposiciones conciliares[10], los libros litúrgicos actuales estructuran la celebración de los sacramentos del bautismo y la confirmación a partir de tres rituales diferenciados, según las concretas circunstancias del candidato.

---

[8] J.A. Abad Ibáñez [2000] 246.
[9] Cfr. *ibid.* • [10] Cfr. SC 64, 66-68.

1.2. Iniciación cristiana de los adultos

El *Ordo initiationis christianae adultorum* (1972 [1974]) sigue la estructura que se encuentra en la *Traditio Apostolica*, con las necesarias adaptaciones a nuestros días. El proceso está dividido en cuatro *tiempos* de formación, acompañados de sus correspondientes ritos (*grados*)[11].

El **precatecumenado**[12] es el tiempo de la evangelización, del anuncio de Jesucristo y su misterio redentor. Culmina con la admisión del candidato como catecúmeno (*rito de admisión*). Durante el **catecumenado**[13], que puede prolongarse durante varios años, el candidato recibe formación doctrinal y moral (catequesis) y se ejercita en la práctica de las virtudes. Después, es admitido para la preparación inmediata a la celebración sacramental (*rito de elección*). El tiempo de la **elección**[14], previsto generalmente para la cuaresma, tiene un contenido eminentemente ascético, y está jalonado por ritos como los escrutinios (interrogaciones) y las entregas del símbolo de la fe y de la oración dominical. Una vez terminado el periodo de preparación espiritual, el candidato recibe los sacramentos de **iniciación**[15] (bautismo, confirmación y eucaristía).

1.3. El ritual del bautismo de niños

El *Ordo baptismi parvulorum*, publicado en 1969 (1973), responde a la revisión profunda del rito solicitada en el concilio Vaticano II. El nuevo ritual articula la estructura de la celebración sacramental a partir de cuatro momentos: ritos de aco-

---

[11] Cfr. OICA, *Observaciones previas* 6-7.
[12] Cfr. *ibid.* 9-13. • [13] Cfr. *ibid.* 14-20. • [14] Cfr. *ibid.* 21-26.
[15] Cfr. *ibid.* 27-36.

gida, liturgia de la palabra, liturgia del sacramento y ritos de conclusión[16].

El gesto principal de los **ritos de acogida** es la *señal de la Cruz* que hacen sobre el niño el ministro y los padres y padrinos, símbolo de su recepción en el seno de la Iglesia y anticipo de la condición de *cristiano* que va a adquirir con el sacramento. La **liturgia de la palabra** comprende las *lecturas, homilía, oración de los fieles, exorcismo y unción con el óleo de los catecúmenos*. La **liturgia sacramental** consta de una *bendición del agua* de la fuente bautismal (excepto en el tiempo pascual); la *triple renuncia al mal y profesión de la fe trinitaria* por parte de padres y padrinos en nombre del niño, con el compromiso de proveer a su educación cristiana; la *triple ablución en el nombre trinitario* (gesto esencial del sacramento), la *unción con el crisma* (signo de su inserción en el misterio de Cristo, sacerdote, profeta y rey), la *entrega de la vestidura blanca* (signo de la nueva condición adquirida), la *entrega del cirio* encendido (signo de la luz de Cristo resucitado que ilumina al cristiano), el rito del *effeta* (apertura de los oídos y boca del bautizado, para expresar la habilitación para escuchar la palabra de Dios y confesar la fe). En los **ritos conclusivos**, destacan la recitación de la oración dominical y la bendición de los padres.

A diferencia de la iniciación de los adultos, que de modo preferente debe ser celebrada durante la «cincuentena» pascual, el tiempo para el bautismo de los niños se rige por la norma general de que «los padres tienen la obligación de hacer que sus hijos sean bautizados en las primeras semanas»[17] y los ministros deben acceder a dicha petición, siempre que sea razonable.

---

[16] Cfr. OBP: *Observaciones previas* 16-18.
[17] CIC 867§1.

1.4. Ritual de la confirmación

El *Ordo Confirmationis* (1971), publicado a instancias del concilio Vaticano II y precedido por la constitución apostólica *Divinae consortium naturae* de Pablo VI, instauró una nueva praxis sacramental. En efecto, tras un exhaustivo análisis de los textos bíblicos, litúrgicos, magisteriales y teológicos, la constitución establecía que, en adelante, en la Iglesia romana fuera observado cuanto sigue: «el sacramento de la confirmación se confiere mediante la unción del crisma en la frente, que se hace con la imposición de la mano, y mediante las palabras: «*accipe signaculum doni Spiritus Sancti*» ['recibe por esta señal el don del Espíritu Santo', según la versión oficial en lengua castellana]»[18]. La constitución definió a esta praxis como *esencia misma del rito* o rito esencial[19]. De este modo, el rito de la confirmación aparece compuesto por un único gesto, la unción con el crisma, que asume el significado teológico de la imposición de la mano, testimoniada en los escritos apostólicos y en las fuentes litúrgicas de los primeros siglos de la Iglesia.

Quedaba así derogada la praxis introducida por Benedicto XIV (1756) en el ritual tridentino[20], según la cual el gesto esencial o, en la terminología de entonces, la «materia próxima» del sacramento estaba formada conjuntamente por los gestos de la unción y la imposición de la mano. De ello se deduce que la estructura fundamental, y por tanto invariable, de la confirmación está compuesta por un gesto que signifique adecuadamente, según la tradición apostólica, el don del Espíritu Santo, acompañado de una fórmula que indique el misterio sacramen-

---

[18] Pablo VI, constitución apostólica *Divinae consortium naturae* (15-VI-1971). Cfr. OC: *Observaciones previas* 9.

[19] La última expresión se encuentra en CCE 1300.

[20] La rúbrica establecía que, durante la unción, los ministros impusieran su mano sobre la cabeza del confirmando.

tal celebrado[21]. El nuevo ritual recomienda la celebración del sacramento en el contexto de una misa ritual, entre la liturgia de la Palabra y la liturgia eucarística[22].

La estructura de la liturgia sacramental es la siguiente: *renovación de las promesas bautismales, imposición de las manos* (distinta de aquella con la que se confería el sacramento, aunque forma parte de su integridad), *crismación* (rito esencial), *saludo de la paz*. La fórmula sacramental de la unción, introducida en la tradición romana por el ritual ahora vigente, se remonta al siglo V y aparece testimoniada en algunas Iglesia del Asia Menor[23]. El crisma es un aceite vegetal, preferentemente de oliva, al que se le ha añadido el bálsamo —aromas o sustancias perfumadas— y que ha sido previamente consagrado por el Obispo, a quien le compete la bendición consagratoria.

2. La celebración sacramental de la penitencia

Toda celebración sacramental manifiesta, hace presente y comunica la pascua de Cristo, el «paso» de Jesucristo al Padre, el misterio de su pasión y glorificación. Al participar en los misterios de iniciación, el cristiano se inserta en el «hombre nuevo», el Señor resucitado. La existencia del hombre se introduce así en la historia de la salvación, en la *liturgia del misterio.*

«[La liturgia] se caracteriza por la tensión con la pascua histórica de Jesús (cruz y resurrección), su fundamento real. En la singularidad de este acontecimiento se ha constituido algo permanente que —y este es el segundo paso— por medio de la ac-

---

[21] Cfr. J.L. Gutiérrez-Martín, *Comentario exegético al Código de Derecho Canónico*, vol. 3, Pamplona 1996, 522.

[22] Cfr. OC: *Observaciones previas* 13.

[23] Algún documento, como las *Constituciones Apostólicas*, le atribuyen un origen apostólico.

ción litúrgica se introduce en nuestro presente, y —tercer paso— quiere abarcar, a partir de aquí, la vida de los celebrantes, y en último extremo, toda la realidad histórica»[24].

Ahora bien, si acoger el don de la Pascua en la propia vida abre, sin duda, hacia nuevos e insospechados horizontes, que van más allá del tiempo y de la muerte, no obstante, tal apertura se encuentra siempre expuesta a la posibilidad de ser obstaculizada e, incluso, renegada[25]. Tal es la dramática posibilidad del *pecado*.

Si el pecado *venial* impide el pleno despliegue del misterio pascual en la propia existencia, el pecado *mortal* impide la inserción salvífica en Cristo resucitado, «apaga» el Espíritu, don del Señor glorificado, desata el lazo filial con el Padre, excluye de la eucaristía y, por lo mismo, separa de la caridad y del pueblo de Dios[26].

La celebración sacramental de la penitencia comunica al fiel la participación en el acontecimiento pascual que se había debilitado o perdido por el pecado: «los que se acercan al sacramento de la penitencia obtienen de la misericordia de Dios el perdón de los pecados cometidos contra Él y, al mismo tiempo, se reconcilian con la Iglesia, a la que ofendieron»[27].

La redención, el perdón del pecado es, pues, una consecuencia del diálogo de comunión, del *admirabile commercium* entre Dios y el hombre, acontecido en el misterio de la encarnación del Hijo, que se consuma con su sacrificio pascual en la cruz: «[Dios] al que no conoció pecado, lo hizo por nosotros pecado, para que nosotros llegáramos a ser en Él justicia de Dios»[28]. De aquí que la penitencia sacramental sea una participación en la vida, pasión y muerte de Jesucristo[29].

---

[24] J. Ratzinger [2001] 82.
[25] Cfr. I. Biffi, *Liturgia II...* 146.
[26] Cfr. *ibid.* • [27] LG 11. • [28] 2 Co 5:21.
[29] Cfr. Comisión Teológica Internacional, *La reconciliación y la penitencia*: «Cuadernos Phase» 154, Barcelona 2005, 39.

Este carácter radicalmente pascual del sacramento de la penitencia implica que su celebración sea esencialmente *liturgia,* acción de culto por excelencia y, por tanto, glorificación eclesial de Dios. Por otra parte, como es propio de toda acción litúrgica comunicar el misterio pascual según la propia modalidad sacramental, la celebración de la penitencia conforma al cristiano con Cristo inocente, que toma sobre sí los pecados de los hombres, constituyéndose, así, en camino de cristificación[30].

«La celebración del sacramento de la penitencia ha tenido en el curso de los siglos un desarrollo que ha asumido diversas formas expresivas, conservando siempre, sin embargo, la misma estructura fundamental, que comprende necesariamente, además de la intervención del ministro —solamente un Obispo o un presbítero, que juzga y absuelve, atiende y cura en el nombre de Cristo—, los actos del penitente: la contrición, la confesión y la satisfacción»[31].

Tal estructura encuentra su fundamento en Cristo mismo, quien la confía a su Iglesia: «el poder de perdonar los pecados, que corresponde a Jesús (cfr. Mc 2:1-12), se da también «a los hombres» (Mt 9:8) [...] La palabra y el ministerio de la reconciliación se transmiten en la Iglesia, de modo especial, al oficio apostólico [...] Según la institución de Jesucristo, Dios perdona por el Espíritu Santo, cuando la Iglesia por sus representantes oficiales absuelve el peso de las pecados»[32]. Esta participación eclesial en el ministerio de la reconciliación es condensada por Cristo en la expresión «atar y desatar»[33], clave

---

[30] Aquí radica la conveniencia de la denominada «confesión frecuente»: mediante ella, el cristiano adquiere una progresiva configuración existencial con Cristo.

[31] Juan Pablo II, carta apostólica en forma de «motu proprio» *Misericordia Dei* (7-IV-2002) Introducción.

[32] Comisión Teológica Internacional, *La reconciliación...* 42.

[33] Cfr. CCE 1444-1445.

de la forma misma del sacramento —y, por tanto, de la estructura fundamental del rito— tal y como fue instituido por el Señor. De aquí que la tradición teológica, en fórmula del concilio de Trento, haya afirmado su celebración «a modo de acto judicial» (*ad instar actus iudicialis*)[34].

«El sacramento de la penitencia es, según la concepción tradicional más antigua, una especie de acto judicial; pero dicho acto se desarrolla ante un tribunal de misericordia»[35]. Evidentemente, el sacramento posee también una dimensión medicinal, terapéutica[36], pero la estructura fundamental del rito es ciertamente de carácter judicial: la reconciliación con Dios viene precedida por el juicio de la Iglesia. ««A ti te daré las llaves del Reino de los cielos; y lo que ates en la tierra quedará atado en los cielos, y lo que desates en la tierra quedará desatado en los cielos» (Mt 16:19) [...] Las palabras atar y desatar significan: aquel a quien excluyáis de vuestra comunión, será excluido de la comunión con Dios; aquel a quien recibáis de nuevo en vuestra comunión, Dios lo acogerá también en la suya»[37].

«El signo del sacramento de la penitencia consiste en un doble proceso: por una parte, en los actos humanos de la conversión (*conversio*) por el arrepentimiento impulsado por el amor (*contritio*), confesión externa (*confessio*) y satisfacción (*satisfactio*) (dimensión antropológica); por otra, en que la comunidad eclesial bajo la dirección del obispo y de los sacerdotes ofrece el perdón de los pecados en nombre de Jesucristo, determina las formas necesarias de la satisfacción, ora por el pecador y hace penitencia vicariamente con él, para finalmente comunicarle la plena comunión eclesial y el perdón de sus pecados (dimensión eclesial)»[38].

---

[34] Cfr. Concilio de Trento, sesión 14 (25-XI-1551), capítulo 6: DH 1685.
[35] Juan Pablo II, exhortación apostólica *Reconciliatio et paenitentia* (2-XII-1984) 31:II.
[36] Cfr. *ibid.* • [37] CCE 1444-1445.
[38] Comisión Teológica Internacional, *La reconciliación...* 45.

Pues bien, los elementos propiamente exteriores de esta estructura sacramental constituyen un rito cuya forma es «judicial»: acusación, sentencia, satisfacción de la pena, reconciliación o nueva admisión en la comunidad.

En el transcurso de la historia, a partir de la reflexión eclesial sobre el sentido de las Escrituras, tal estructura «judicial» del sacramento experimentó un proceso de clarificación y consolidación ritual, hasta llegar a la *forma* declarada vinculante por el concilio tridentino[39].

2.1. *Desarrollo histórico de la penitencia sacramental*

Durante el periodo apostólico, no hay testimonios explícitos sobre una disciplina penitencial. La Iglesia naciente poseía una clara conciencia de su propia santidad, y del compromiso de vida que supone la participación en el misterio de Cristo obrada por los sacramentos de la iniciación. No es de extrañar, por eso, que se respondiera con extremado rigor al problema de quienes cometían graves culpas una vez eran cristianos.

No obstante, en los escritos del Nuevo Testamento —especialmente, en las cartas de san Pablo— pueden rastrearse algunas referencias sobre la disciplina eclesial ante el pecado y la reconciliación, cuya estructura última coincide con la propia del sacramento[40]. En síntesis, los textos neotestamentarios atestiguan, para quien pecare gravemente, una exclusión de la comunión eclesial, de carácter medicinal —y, por tanto, destinada a evitar el contagio del mal y avivar la conversión—, mediante una sentencia pronunciada por quien es cabeza de la comunidad, seguida de una readmisión también oficial en

---

[39] Cfr. Comisión Teológica Internacional, *La reconciliación...* 42-43.
[40] Cfr. especialmente 1 Co 5:1-13 y 2 Co 2:6-10.

el seno de la Iglesia, tras el arrepentimiento y el cambio de vida[41].

Durante los siglos II-III —como testimonia el documento denominado *Pastor de Hermas*—, se impuso el parecer de que la penitencia sacramental de la Iglesia para expiar los pecados se podía conferir, sin excepciones, tan sólo una vez en la vida. La forma de la tradición latina de esta disciplina, conocida como «*penitencia segunda*» (después de la primera, el bautismo) aparece descrita en la obra de Tertuliano (siglo II-III): concernía a pecados capitales (apostasía, asesinato y adulterio) y su estructura constaba de la acusación, secreta, de los propios pecados ante el obispo, la admisión al estado de los penitentes (exclusión de la eucaristía) con fijación de las obligaciones penitenciales y —una vez transcurrido el periodo de «excomunión» establecido— la reconciliación oficial con la Iglesia (admisión a la eucaristía) previa a las fiestas pascuales.

Tal procedimiento, denominado *penitencia canónica*, comenzó a mostrar sus límites durante el convulso periodo que siguió a la caída de Roma. El carácter socialmente discriminatorio de la condición de penitente, la dificultad para asumir el rigor de la satisfacción impuesta y el temor a una recaída que impidiera una nueva reconciliación, contribuyeron a que se extendiera la costumbre de aplazar hasta el final de la vida la petición de la disciplina penitencial.

En este contexto de crisis, a partir del siglo VII irrumpe una nueva praxis penitencial proveniente de los monasterios de las islas británicas: la *penitencia tarifada*. Según la nueva disciplina, el ministro —cualquier sacerdote y no necesariamente el obispo— atiende la confesión de los pecados, estima su gravedad e impone la satisfacción según una «lista de tarifas» o penas; cuando el penitente la había cumplido, volvía a recibir la abso-

---

[41] Cfr. A. Nocent, *Il sacramento della penitenza e della riconciliazione*: Pontificio Istituto Liturgico, *Anàmnesis 3/1: La Liturgia, i sacramenti: teologia e storia della celebrazione*, Genova 1989, 147-148.

lución. Por otra parte, como la satisfacción de la penitencia era secreta, ya no era discriminatoria y, en consecuencia, se podía aplicar también a aquellos pecados que anteriormente no se encontraban sometidos al procedimiento canónico, pudiendo ser así reiterado el sacramento cuantas veces fuera necesario. Por último, ante la dificultad de un segundo encuentro con el ministro para recibir la reconciliación, alrededor de los siglos IX-X se introdujo la costumbre de conferir la absolución inmediatamente después de la aceptación de la satisfacción impuesta.

La fórmula de absolución indicativa («*ego te absolvo...*») es ya considerada en la teología escolástica como «forma» del sacramento[42]; doctrina asumida por las declaraciones magisteriales del concilio de Florencia[43] y de Trento[44], extendiéndose su uso a toda la Iglesia latina con el ritual de 1614. Ya en el siglo XVIII, la preocupación por las buenas costumbres y la conveniente discreción dictaminó la aparición del «confesonario» como lugar más apropiado para la celebración del sacramento, en sustitución de la sede presidencial del ministro[45].

El *Ordo paenitentiae* promulgado en 1973 a instancias del concilio Vaticano II[46] pretende situarse en continuidad con la tradición litúrgica penitencial de la Iglesia. Y así se advierte cuando al mencionar los elementos esenciales de la celebración (**contrición, confesión, satisfacción** y **absolución**) recoge los tres gestos que conforman la estructura «judicial» del sacramento[47]. El ritual contempla tres estructuras sacramentales: a) rito para la reconciliación de un solo penitente; b) rito para reconciliar a varios penitentes con confesión y absolución individual; c) rito para reconciliar a muchos penitentes con confesión y absolución general.

---

[42] Cfr. Tomás de Aquino, *Summa theologiae* III, 84:3 *respondeo*.
[43] Cfr. DH 1323. • [44] Cfr. DH 1673.
[45] Cfr. M. Augé [1995] 144. • [46] Cfr. SC 72.
[47] Cfr. OP, *Observaciones previas* 6.

La inclusión de este último rito plantea numerosos problemas. En efecto, aunque previsto únicamente para casos muy excepcionales[48], su uso contra derecho ha provocado, desde la publicación del ritual, el sucederse de documentos magisteriales que recuerdan los límites de la praxis[49]. La celebración litúrgica de la penitencia sacramental ha quedado, pues, articulada a partir de los siguientes elementos: «*saludo* y bendición del sacerdote, *lectura de la Palabra* de Dios para iluminar la conciencia y suscitar la contrición, y exhortación al arrepentimiento; la *confesión* que reconoce los pecados y los manifiesta al sacerdote; la imposición y la aceptación de la *penitencia*; la *absolución* del sacerdote; *alabanza* de acción de gracias y *despedida* con la bendición del sacerdote»[50]. La fórmula de la absolución consta de una invocación memorial de la obra trinitaria en la economía redentora, que incluye la mediación de la Iglesia. Las palabras absolutorias mantienen la forma indicativa transmitida por la tradición.

En cuanto a la sede del sacramento, el Código de Derecho Canónico precisa que se ha de asegurar «en todo caso que existan siempre en lugar bien patente confesonarios provistos de rejillas entre el penitente y el confesor que puedan utilizar libremente los fieles que lo deseen» (c. 964)[51].

---

[48] Cfr. CIC 961. Un análisis de las normas canónicas que regulan la celebración del sacramento de la penitencia, en W. H. Stetson, *Comentario exegético al Código...* 759-774.

[49] Por citar sólo algunos de especial relevancia, Juan Pablo II, exhortación apostólica *Reconciliatio et paenitentia* (2-XII-1984) y carta apostólica en forma de «motu proprio» *Misericordia Dei* (7-IV-2002); Congregación para la doctrina de la fe, *Normas pastorales para dar la absolución sacramental general* (16-VI-1972); Pontificio Consejo para la interpretación de los Textos Legislativos, Nota sobre absolución general sin confesión individual previa (8-XI-1996).

[50] CCE 1480.

[51] El Pontificio Consejo para la interpretación de los Textos Legislativos invoca el derecho de los fieles y del mismo confesor a utilizar esa sede para las confesiones (Nota del 16-VI-1998, comentando el c. 964, 2)

3. Liturgia de las ordenaciones

«El Orden es el sacramento gracias al cual la misión confiada por Cristo a sus apóstoles sigue siendo ejercida en la Iglesia hasta el fin de los tiempos: es, pues, el sacramento del ministerio apostólico. Comprende tres grados: el episcopado, el presbiterado y el diaconado»[52].

En efecto, la Iglesia, depositaria de la presencia de Cristo en la historia, se estructura por medio de una articulación de miembros y ministerios de carácter sacramental: fieles bautizados y ministros ordenados.

Ahora bien, por su naturaleza sacramental, tales ministerios deben ser interpretados no desde una perspectiva sociológica —el «poder» o la delegación por parte de la comunidad—, sino a la luz del misterio pascual de Cristo. Y, en este sentido, el ministerio ordenado es una participación en el misterio de quien, por su oblación sacrificial en la cruz, glorificó al Padre y redimió a los hombres, dando origen así a la Iglesia.

El sacramento del orden confiere, por tanto, una configuración sacramental con Cristo, cabeza y esposo de su cuerpo y esposa, la Iglesia. De aquí que la única categoría capaz de expresar la relación entre el misterio sacerdotal de Cristo y el sacerdocio ministerial de la Iglesia sea la noción de «sacramento»[53]: el ministerio ordenado es una *representación* real, de naturaleza sacramental, de la persona de nuestro Señor Jesucristo en su dimensión capital[54]; una «reproducción» existencial del misterio de su muerte y resurrección para la vida de su Iglesia[55]. Por eso el mi-

---

[52] CCE 1536.

[53] Cfr. I. Biffi, *Liturgia II...* 159.

[54] Refiriéndose a los presbíteros, Juan Pablo II ha escrito: «los presbíteros son llamados a prolongar la presencia de Cristo [...]; son, en la Iglesia y para la Iglesia, una *representación sacramental* de Jesucristo, Cabeza»: PdV 15.

[55] «Ejercen, hasta el don total de sí mismos, el cuidado amoroso del rebaño»: *ibid.*

nisterio del orden, presencia sacramental «de la persona de Cristo cabeza», se ejerce «en el nombre de la Iglesia»[56]. Y, por lo mismo, como razón última de su ser, tiende a la celebración de la eucaristía, síntesis de toda la obra sacerdotal de Cristo en la actual etapa de la economía salvífica: el tiempo de la Iglesia[57].

A este respecto, la Congregación para la Doctrina de la Fe ha recordado recientemente que «el sacerdote, por el sacramento que ha recibido, hace presente de una manera totalmente particular a nuestro Señor Jesucristo, Cabeza de la Iglesia. En la administración de los sacramentos actúa *in persona Christi Capitis* y también *in persona Ecclesiae*»[58].

Esta configuración sacramental surge de la *ordinatio*, «acto sacramental que incorpora al orden de los obispos, de los presbíteros y de los diáconos y que va mas allá de una simple *elección, designación, delegación* o institución por la comunidad, pues confiere un don del Espíritu Santo que permite ejercer un «poder sagrado» («*sacra potestas*»; cf LG 10) que sólo puede venir de Cristo, a través de su Iglesia. La ordenación también es llamada «*consecratio*» porque es un «poner aparte» y un «investir» por Cristo mismo para su Iglesia»[59]. La **imposición de manos** del obispo, con la **oración de consagración**, constituye el signo visible de la «ordenación».

«El *rito esencial* del sacramento del Orden está constituido, para los tres grados, por la imposición de manos del obispo sobre la cabeza del ordenando, así como por una oración conse-

---

[56] «En una palabra, los presbíteros existen y actúan para el anuncio del Evangelio al mundo y para la edificación de la Iglesia, personificando a Cristo, Cabeza y Pastor, y en su nombre»: *ibid.* Cfr. CCE 1548-1553.

[57] Esta «tensión eucarística» del sacramento del Orden es cierta incluso para los diáconos, «ministros ordenados para realizar un servicio y no para ejercer el sacerdocio»: CCE 1569. Cfr. LG 29.

[58] Congregación para la doctrina de la fe, *Nota acerca del ministro del sacramento de la Unción de los enfermos* (11-II-2005).

[59] CCE 1538.

cratoria específica que pide a Dios la efusión del Espíritu Santo y de sus dones apropiados al ministerio para el cual el candidato es ordenado»[60]. Tal imposición de manos es ya testimoniada en el Nuevo Testamento como gesto para una donación del Espíritu en orden a los ministerios eclesiales[61].

El desarrollo de la liturgia de las ordenaciones puede ser contemplado en la Iglesia romana ya en la *Traditio Apostolica*, a comienzos del siglo III; ese documento muestra ya una estructura ritual consolidada, presidida por el obispo y centrada en la imposición de manos y la plegaria de consagración:

«El *obispo* es [...] ordenado en domingo, en presencia del pueblo de Dios, de los presbíteros y de los obispos. Uno de los obispos presentes impone las manos y pronuncia la plegaria. En la plegaria de ordenación es invocado sobre el elegido el espíritu de dirección (*principalis spiritus*) para apacentar el rebaño y para predicar la palabra, y de sumo sacerdocio (*spiritum primatus sacerdotii*) para presidir la eucaristía, perdonar los pecados, coordinar y designar los ministerios. Durante el rito de ordenación del *presbítero*, tanto el obispo como los presbíteros imponen la mano. En la plegaria de ordenación pronunciada por el obispo se habla del espíritu de gracia y de consejo, que hay que ejercer en el colegio presbiteral con el fin de guiar y ayudar al pueblo de Dios con corazón puro. En la ordenación del *diácono* sólo el obispo impone las manos. Los diáconos, en efecto, se ordenan para el servicio del obispo. Administran y señalan al obispo lo que es necesario y vigilan la distribución de las ayudas los pobres. Los diáconos son los intermediarios entre el pueblo de Dios y el obispo»[62].

Durante los siglos siguientes, se modificaron o se introdujeron nuevas plegarias consagratorias, y se incorporaron numero-

---

[60] CCE 1573. Cfr. Pío XII, constitución apostólica *Sacramentum ordinis* (30-XI-1947): DH 3859-3861.
[61] Cfr. Hch 6:5-6 y 13:2-3.
[62] M. Augé [1995] 150-151.

sos gestos complementarios, tomados de los ritos de vasallaje de la cultura feudal —la entrega de los instrumentos o *traditio instrumentorum*— que llegaron a ser considerados, incluso, como «materia» del sacramento, hasta la clarificación doctrinal promulgada por Pío XII[63].

Pablo VI promulgó en 1968 un nuevo Pontifical[64]. Las tres plegarias consagratorias se dirigen a Dios Padre y, tras la memoria histórico-salvífica de la institución del ministerio, invocan el don del Espíritu Santo que consagre a los candidatos, para terminar con una intercesión a favor de los ordenados por la mediación de Jesucristo. Los ritos de ordenación tienen «lugar preferentemente el domingo y en la catedral [...] El lugar propio de su celebración es dentro de la Eucaristía»[65].

En el caso de la ordenación episcopal, la fórmula de la plegaria de consagración, introducida en el siglo V, ha sido sustituida por la oración precedente testimoniada en la *Traditio Apostolica*; mientras las plegarias para la ordenación de los presbíteros y los diáconos han sido parcialmente modificadas en orden a una mejor presentación de la teología de los ministerios.

En cuanto a los gestos complementarios, «en el rito latino, los *ritos iniciales* —la presentación y elección del ordenando, la alocución del obispo, el interrogatorio del ordenando, las letanías de los santos— ponen de relieve que la elección del candidato se hace conforme al uso de la Iglesia y preparan el acto solemne de la **consagración**; después de ésta varios ritos vienen a expresar y completar de manera simbólica el misterio que se ha realizado: para el *obispo* y el *presbítero* la *unción* con el santo

---

[63] Pío XII, constitución apostólica *Sacramentum ordinis* (30-XI-1947).

[64] Pontificale Romanum, *De ordinatione diaconi, presbyteri et episcopi* (18-VI-1968). Años más tarde, una segunda edición típica introdujo una modificación en el orden del título para adecuarlo a la naturaleza teológica del sacramento: *De oridinatione episcopi, presbyterorum et diaconorum* (29-VI-1989)

[65] CCE 1572.

crisma, signo de la unción especial del Espíritu Santo que hace fecundo su ministerio; la *entrega* del libro de los *evangelios*, del *anillo*, de la *mitra* y del *báculo* al *obispo* en señal de su misión apostólica de anuncio de la Palabra de Dios, de su fidelidad a la Iglesia, esposa de Cristo, de su cargo de pastor del rebaño del Señor; *entrega* al *presbítero* de la *patena* y del *cáliz*, «la ofrenda del pueblo santo» que es llamado a presentar a Dios; la *entrega* del libro de los *evangelios* al *diácono* que acaba de recibir la misión de anunciar el Evangelio de Cristo»[66].

4. Celebración litúrgica del matrimonio

Todo sacramento asume en su estructura una realidad que, perteneciente a un tiempo a la naturaleza y a la cultura, ha recibido en el misterio de Cristo un nuevo significado, que expresa su verdad más última y radical.

Así, por ejemplo, por el mandato instituyente de Cristo, en la celebración eucarística, el trigo y el fruto de la vid —naturaleza—, pan y vino —cultura—, se convierten en sacramento del cuerpo entregado y de la sangre derramada del Señor.

Del mismo modo, por voluntad de Cristo, el consorcio matrimonial, «realidad que existe ya en la economía de la creación»[67] y que la cultura humana ha estructurado ritual y jurídicamente, asume en la Iglesia un nuevo significado: el ser sacramento —signo eficaz— de la alianza definitiva e irrevocable entre Cristo y su Iglesia, sellada con el sacrificio de la cruz[68].

---

[66] CCE 1574.

[67] FC 68. Acerca del matrimonio en el orden de la creación, cfr. CCE 1603-1605.

[68] En el contexto del carácter definitivo e irrevocable de esta alianza puede entenderse la unidad e inseparabilidad que caracterizan estructuralmente al sacramento del matrimonio.

Y, en su condición de realidad constituyente de la economía sacramental[69], el matrimonio cristiano es una participación litúrgica en el misterio pascual de Cristo, en su amor esponsal por la Iglesia.

«Como los restantes sacramentos de la Nueva Alianza, el matrimonio de los bautizados es un signo eficaz de gracia; una imagen que simboliza real y eficazmente la unión de Cristo con la Iglesia; que significa y causa lo significado, esto es, una gracia específica. El fundamento último de la sacramentalidad del matrimonio es la Nueva Alianza que surge del Misterio pascual. Dicho de otro modo, el amor con que Cristo amó a su Iglesia y se entregó por ella, es el ejemplar y la nueva ley de la alianza matrimonial, al tiempo que la fuente de donde mana la gracia sacramental»[70].

De esta manera, en palabras de Juan Pablo II, «en virtud de la sacramentalidad de su matrimonio, los esposos quedan vinculados uno a otro de la manera más profundamente indisoluble. Su recíproca pertenencia es representación real, mediante el signo sacramental, de la misma relación de Cristo con la Iglesia. Los esposos son por tanto el recuerdo permanente, para la Iglesia, de lo que acaeció en la cruz [...] De este acontecimiento de salvación el matrimonio, como todo sacramento, es memorial, actualización y profecía»[71].

No tenemos testimonios explícitos de la presencia de un rito de culto para celebrar el matrimonio cristiano durante los primeros siglos de la vida de la Iglesia. Parece claro que los cristianos contraían matrimonio según los usos sociales propios de la cultura de la época, tendentes a institucionalizar el mutuo com-

---

[69] «La Iglesia, acogiendo y meditando fielmente la Palabra de Dios, ha enseñado solemnemente y enseña que el matrimonio de los bautizados es uno de los siete sacramentos de la Nueva Alianza»: FC 13.

[70] T. Rincón-Pérez, *La liturgia y los sacramentos en el derecho de la Iglesia*, Pamplona 1998, 286.

[71] FC 13.

promiso, pero también encontramos algunas trazas de una «*confirmación*» *ritual* eclesial del sacramento. Así, en la primera década del siglo III, Tertuliano escribe: «¿cómo lograré exponer la felicidad de ese matrimonio que la Iglesia favorece, que la ofrenda eucarística refuerza, que la *bendición sella*, que los ángeles anuncian y que el Padre ratifica?»[72].

La práctica de contraer matrimonio según los usos sociales del momento queda atestiguada por el hecho de que muchos de los ritos que después pasarán a la «liturgia» del sacramento proceden de la cultura grecorromana. Según estas coordenadas, la celebración del matrimonio constaba de dos momentos esenciales: los **desposorios** y las **nupcias**. Los desposorios se estipulaban por los cabezas de las familias y su símbolo eran las *arrhae* (arras), prenda del compromiso que recibía la esposa prometida. Las nupcias giraban en torno al *consensus* (la expresión del consentimiento recíproco) y a la *domum ductio* o acompañamiento de la esposa a la casa del marido. Ya a comienzos del siglo II, Ignacio de Antioquía afirma que «conviene a los esposos y esposas contraer la unión con el consentimiento [*consensus*] del obispo, para que sus bodas sean según el Señor»[73].

Entre los ritos nupciales, aquellos que no eran susceptibles de superstición fueron asumidos por la comunidad cristiana: la novia vestía de blanco, con un velo purpúreo (*flammeum*) y una corona de flores en la cabeza[74]; mientras el consentimiento se expresaba mediante la *iunctio dextrarum* o conjunción de las manos.

---

[72] Tertuliano, *Ad uxorem* 2, 8:6.
[73] Ignacio de Antioquía, *Ad Polycarpum* 5:2.
[74] Tertuliano consideraba esta costumbre como supersticiosa y radicalmente pagana. La interpretación cristiana del gesto propuesta por san Juan Crisóstomo terminó por constituir el rito en un elemento central de la liturgia matrimonial de las iglesias bizantinas: cfr. M. Kunzler [1999] 469.

A partir del siglo IV, los testimonios acerca de los *ritos* matrimoniales cristianos son más explícitos, aunque se refieren preferentemente a la bendición e imposición del velo (*velatio nuptiarum*)[75]. Hasta bien entrada la edad media, el intercambio del consentimiento tenía lugar en la casa. A partir del siglo IX, para garantizar la libertad de la esposa, se expresa el mutuo consentimiento a las puertas de la iglesia: *in facie ecclesiae.*

El concilio de Trento corroboró la sacramentalidad del matrimonio y su constitución a partir de la expresión del consentimiento mutuo de los contrayentes[76], pero exigió que este se proclamara en presencia del ministro de la Iglesia (párroco u otro sacerdote con licencia) y de, al menos, dos tesigos[77]. A partir de entonces, tanto el interrogatorio sobre la voluntad matrimonial, como la declaración del consentimiento mutuo, fueron hechos en el interior de la iglesia. No obstante, el *Ritual romano* de 1614 admitió las diferentes costumbres locales acerca de los otros ritos de la celebración del matrimonio, como la bendición y entrega del anillo, el intercambio de anillos, la bendición del ajuar o las arras...

El ritual actualmente en vigor[78] —publicado a instancias del concilio Vaticano II— acepta las costumbres locales y legítimas tradiciones particulares, pero considera que la celebración ordinaria del matrimonio debe acontecer en la misa nupcial y, aunque estén previstas otras formas no eucarísticas, nunca debe faltar la bendición nupcial.

«En el rito latino, la celebración del matrimonio entre dos fieles católicos tiene lugar ordinariamente dentro de la santa Misa, en virtud del vínculo que tienen todos los sacramentos

---

[75] Cfr. Ambrosio de Milán, *Epistola* 19:7; *Sacramentario Veronense* 1110
[76] Cfr. Concilio de Trento, decreto *Tametsi*: DH 1813.
[77] Cfr. Concilio de Trento, decreto *Tametsi*: DH 1814-1815.
[78] Rituale Romanum, *Ordo celebrandi matrimonium* (19-III-1969 [19-III-1990]).

con el Misterio Pascual de Cristo (cfr. SC 61). En la Eucaristía se realiza el memorial de la nueva Alianza, en la que Cristo se unió para siempre a la Iglesia, su esposa amada por la que se entregó (cfr. LG 6). Es, pues, conveniente que los esposos sellen su consentimiento en darse el uno al otro mediante la ofrenda de sus propias vidas, uniéndose a la ofrenda de Cristo por su Iglesia, hecha presente en el sacrificio eucarístico, y recibiendo la eucaristía, para que, comulgando en el mismo Cuerpo y en la misma Sangre de Cristo, «formen un solo cuerpo» en Cristo (cfr. 1 Co 10:17)»[79].

La estructura de la celebración del matrimonio (en la misa nupcial, tras la proclamación del evangelio y homilía o —si no se celebra la eucaristía— después de la liturgia de la palabra) ha quedado articulada del siguiente modo: *escrutinio* sobre la disposición para contraer matrimonio cristiano, *bendición de los anillos*, fórmula de **expresión del consentimiento**, *ratificación* del sacerdote, *bendición de los novios* (en algunas iglesias, proferida inmediatamente después del rezo del padrenuestro).

La fórmula de proclamación personal del consentimiento del ritual en vigor procede de la tradición anglo-normanda. La ratificación del sacerdote se expresa mediante una plegaria de bendición, que ha sustituido a la fórmula indicativa del ritual tridentino: «*ego vos coniungo in matrimonium*»; equívoca según la tradición occidental, que considera a los esposos como «ministros» del sacramento.

5. La unción de los enfermos y el «viático»

La unción de los enfermos, por su naturaleza sacramental, pertenece a la estructura de la Iglesia y se encuentra en íntima relación con el misterio pascual de Cristo, su muerte y su resu-

---

[79] CCE 1621.

rrección[80]. Más en particular, la dimensión propia del misterio que el sacramento manifiesta y hace presente como hecho salvífico no es otra que el sufrimiento y dolor de la pasión del Señor. La unción de los enfermos comunica a quien la recibe una configuración litúrgica con Cristo en la cruz, quien según el oráculo del Antiguo Testamento «tomó sobre sí nuestras flaquezas y cargó con nuestras enfermedades».[81]

En estas coordenadas teológicas, se advierte bien como, mediante el sacramento de la unción, la enfermedad y la agonía ante la muerte —un estado propio de la condición humana— se convierte en participación en el misterio de la muerte y resurrección del Señor. La extrema indigencia y condición mortal del hombre recibe un nuevo significado, a partir de Cristo doliente en la cruz. «El mismo Cristo, que no tuvo pecado, cumpliendo la profecía de Isaías, experimentó toda clase de sufrimientos en su pasión y participó en todos los dolores de los hombres; más aún, cuando nosotros padecemos ahora, Cristo padece y sufre en sus miembros configurados con él».[82]

El estado de enfermedad preludio de la muerte, en sí mismo reprobable y consecuencia del ingreso del mal en el mundo, se encuentra así «redimido», volviéndose «salvador»: en la perspectiva de san Pablo, por el sacramento de la unción, el dolor y la enfermedad se transforman en un asentimiento a la pasión de Cristo para la salvación del mundo, en espera de la liberación escatológica, al final de los tiempos, y de la gloria futura[83]. La salud, un bien en sí, es entonces contemplada en su auténtica dimensión, no como un absoluto, sino como un «reflejo»

---

[80] Cfr. I. Biffi, *Liturgia II...* 155.

[81] Mt 8:17. Cfr. Is 53:4.

[82] Rituale Romanum, *Ordo Unctionis infirmorum* (7-XII-1972), *Preambula* 2.

[83] Cfr. Col 1:24 y Rm 8:19-21. Un desarrollo de estas afirmaciones en I. Biffi, *Liturgia II...* 155-156.

de la vida eterna alcanzada por la definitiva victoria pascual de Cristo.

«La teología católica ha visto en la carta de Santiago (St 5:14-15) el fundamento bíblico para el sacramento de la unción de los enfermos. El autor de la carta, después de dar varios consejos relativos a la vida cristiana, da también una norma para los enfermos: «¿está enfermo alguno de vosotros? Llame a los presbíteros de la Iglesia, que oren sobre él y le unjan con óleo en el nombre del Señor. Y la oración de la fe salvará al enfermo, y el Señor hará que se levante, y si hubiera cometido pecados, le serán perdonados». En este texto, la Iglesia, bajo la acción del Espíritu Santo, ha reconocido a lo largo de los siglos los elementos esenciales de la unción de los enfermos, que el concilio de Trento propone de forma sistemática[84]: a) sujeto: el fiel gravemente enfermo; b) ministro: «*omnis et solus sacerdos*»; c) materia: la unción con el óleo bendecido; d) forma: la oración del ministro; e) efectos: gracia salvífica, perdón de los pecados, alivio del enfermo»[85].

A partir de esta conciencia, «testimonios sobre la unción de los enfermos se encuentran, desde tiempos antiguos, en la tradición de la Iglesia, especialmente en la litúrgica, tanto en Oriente como en Occidente»[86]. El primer documento que ha llegado hasta nosotros con referencias acerca del óleo de los enfermos es la *Traditio Apostolica,* que se remonta a comienzos del siglo III y que, en su versión latina, menciona los efectos característicos del sacramento: alivio y salud. Por otra parte, los sacramentarios romanos del periodo de transición entre la Edad Antigua y la Edad Media transmiten la fórmula de bendición

---

[84] Concilio de Trento, *sesión XIV*: DH 1695-1700.1716-1719.
[85] Congregación para la doctrina de la fe, *Nota acerca del ministro del sacramento de la Unción de los enfermos* (11-II-2005).
[86] Pablo VI, constitución apostólica *Sacram unctionem* (30-XI-1972). Acerca de la evolución del rito, cfr. M. Augé [1995] 171-172.

del aceite de los enfermos, por medio de una invocación al Espíritu Santo. La unción, según los pontificales medievales, se confería en aquellas partes corporales que representan los cinco sentidos del hombre, con el fin de liberarlas del pecado.

En el contexto de la reforma litúrgica promovida por el concilio Vaticano II, Pablo VI estableció que en el rito romano se observara cuanto sigue: «el sacramento de la unción de los enfermos se administra a los gravemente enfermos ungiéndolos en la frente y en las manos con aceite de oliva debidamente bendecido o, según las circunstancias, con otro aceite vegetal, y pronunciando una sola vez estas palabras [...]: «por esta santa unción y por su bondadosa misericordia te ayude el Señor con la gracia del Espíritu Santo, para que, libre de tus pecados, te conceda la salvación y te conforte en tu enfermedad»»[87].

El ritual actualmente en vigor prevé diversos modos de celebración: «como en todos los sacramentos, la unción de los enfermos se celebra de forma litúrgica y comunitaria (cfr. SC 27), que tiene lugar en familia, en el hospital o en la iglesia, para un solo enfermo o para un grupo de enfermos. Es muy conveniente que se celebre dentro de la eucaristía, memorial de la Pascua del Señor. Si las circunstancias lo permiten, la celebración del sacramento puede ir precedida del sacramento de la penitencia y seguida del sacramento de la eucaristía»[88]. El rito ordinario fuera de la misa consta de: *ritos iniciales* (saludo, aspersión con agua bendita, alocución para confiar al enfermo a la misericordia de Cristo, acto penitencial, cuando no ha sido precedido por la confesión sacramental), *lectura de la palabra de Dios, ritos de la unción* (plegaria litánica, imposición de las manos en silencio, acción de gracias sobre el óleo

---

[87] Pablo VI, constitución apostólica *Sacram unctionem* (30-XI-1972).Cfr. CCE 1513.
[88] CCE 1517.

ya bendecido o, en su caso, bendición, **unción sacramental,** oración que especifica los efectos del sacramento) y *ritos de conclusión,* con la recitación del padrenuestro y la bendición sacerdotal[89].

El sacramento propio de los moribundos, el signo eficaz de la presencia salvífica de Cristo para el fiel en el momento de la muerte es la eucaristía, actualización sacramental de la pascua del Señor[90]. «En cuanto sacramento de la pascua de Cristo, la eucaristía debería ser siempre el último sacramento de la peregrinación temporal, el «viático» para el «paso» a la vida eterna»[91].

La comunión en forma de *viático* comunica al fiel una participación peculiar y más profunda en el misterio de la muerte del Señor y su tránsito al Padre actualizado en la celebración de la eucaristía[92]. En el viático, se condensa la naturaleza «pascual» del existir cristiano, el carácter transitorio de esta vida hacia la definitiva morada —la casa del Padre—, como preparación inmediata para la participación existencial en el misterio de la muerte y resurrección ya sacramentalmente incoada en el bautismo. De este modo, el cristiano insertado sacramentalmente de un modo ya pleno en el misterio pascual de Cristo, sale existencialmente al encuentro de la muerte, el «paso» hacia la vida definitiva.

El primer testimonio explícito del viático se encuentra en el concilio de Nicea (año 325): «en peligro de muerte, a nadie se le prive del último y más necesario viático»; praxis que, según el texto conciliar, procedía «de la más antigua ley canónica»[93]. El término griego empleado para referirse al viático (*ephodion*)

---

[89] Acerca del desarrollo del rito, cfr. M. Augé [1995] 172-173.
[90] Cfr. *ibid.* 174.
[91] CCE 1517.
[92] Rituale Romanum, *Ordo Unctionis infirmorum* (7-XII-1972), *Preambula* 26.
[93] Concilio de Nicea: DH 139.

designaba la comida ofrecida a quienes se ponían en camino, y los alimentos y provisiones pecuniarias para un viaje. En el lenguaje cristiano se aplicó para los auxilios espirituales a los moribundos y, más específicamente, a la última eucaristía (*communionis viaticum*). La ordenación actual del rito se encuentra en el «Ritual de la unción de enfermos», y su esquema es similar a la comunión de enfermos.

Capítulo VIII
EL AÑO LITÚRGICO

La liturgia distribuye las celebraciones a lo largo del tiempo, siguiendo las pautas y divisiones establecidas, pero dándoles un valor e importancia en función del misterio que se celebra. Conviene conocer algunas peculiaridades que esta primacía del misterio salvífico celebrado introduce en las divisiones del tiempo, en particular, en la celebración diaria, semanal y anual.

La liturgia comienza a celebrar determinados días la víspera, es decir, en la tarde anterior: los domingos y las solemnidades empiezan litúrgicamente en la tarde del sábado o de la víspera de la solemnidad; por eso, las misas vespertinas de los sábados son en realidad la celebración eucarística del domingo, válidas para cumplir con el precepto dominical.

La semana judía empezaba en el día primero, que era nuestro domingo; el último día de la semana era para ellos el *sabbat*, precedido por el *parasceve*. Los cristianos otorgaron enseguida la centralidad de la semana al domingo, pero siguió considerándose el día primero (como lo llaman los evangelistas al relatar la Resurrección: Mt 28, 1 y par.), y por eso el lunes es la feria segunda, etc.; y mantuvieron el nombre del sábado. En la liturgia cristiana, el domingo es siempre la fiesta primordial.

En cuanto al ritmo anual, hay que destacar sobre todo la peculiaridad de la liturgia, que combina dos ciclos de fiestas, unas fijas, que tienen siempre el mismo día en el calendario, (por ejemplo, el 25 de diciembre es siempre Navidad), y otras móviles o variables, que cada año caen en un día diferente, en función de cuándo sea la fecha de la Pascua: es el caso, por ejemplo, de la Ascensión, Pentecostés, el *Corpus*, etc.

La fecha de la Pascua, según se decidió en el concilio de Nicea (325), se celebra el domingo siguiente al primer plenilunio de primavera. Así, la Pascua puede caer entre el 22 de marzo y el 25 de abril.

En fin, dentro del ritmo anual, hay que dejar constancia también de que en el calendario litúrgico el día en que comienza el año no coincide con el del calendario civil: el año litúrgico comienza el domingo I de adviento.

Consecuencia de estas variaciones es que cada año sea preciso confeccionar un calendario litúrgico o *epacta*, donde se deja constancia de qué celebración corresponde a cada día, pues está claro que, a causa de las variaciones en el ciclo pascual, las celebraciones de un año no coinciden con las del siguiente.

«La Iglesia vive y celebra la liturgia a lo largo del año»[1]. En efecto, la liturgia, celebración del misterio de Cristo[2] en el tiempo de la Iglesia[3], se despliega según un ritmo anual: «en el círculo del año —recuerda el concilio Vaticano II— [la liturgia] desarrolla todo el misterio de Cristo»[4].

El año se muestra así como ámbito temporal en que se articula la celebración litúrgica del misterio de Cristo: [la Iglesia] «en el círculo del año desarrolla todo el misterio de Cristo, desde la Encarnación y la Navidad hasta la Ascensión, Pentecostés y la expectativa de la dichosa esperanza y venida del Señor»[5]. Cada celebración litúrgica no es una acción aislada, sino que encuentra su *significado pleno* en el ciclo anual: «el año litúrgico es el desarrollo de los diversos aspectos del único miste-

---

[1] TMA 10 • [2] Cfr. CCE 1068. • [3] Cfr. CCE 1076. • [4] SC 102.
[5] SC 102.

rio pascual»[6]. El ciclo litúrgico anual es, por eso, algo más que la suma orgánica de cada una de las celebraciones del misterio de Cristo: «durante el curso del año —afirma la reforma conciliar—, la Iglesia conmemora *todo* el misterio de Cristo»[7].

En la liturgia, el ciclo anual de la existencia humana se configura en *año litúrgico*, celebración del *misterio de Cristo en el tiempo*: el *año litúrgico* es, en síntesis, la mediación sacramental —manifestación, presencia, y comunicación— del misterio de Cristo en cuanto acontecimiento histórico, acaecido en el tiempo.

1. El año, símbolo del tiempo y de la historia del hombre

La biografía de cada hombre y la historia de la entera humanidad ocurre en —y, por tanto, está estructurada por— la sucesión de ciclos y ritmos cósmicos: el día y la noche, la semana, el mes, las estaciones, el año.

«El movimiento giratorio de la tierra en torno al sol (o como creían los antiguos, del sol en torno a la tierra) da un ritmo al ser al que llamamos tiempo, de hora en hora, de la mañana a la noche y de la noche a la mañana, de la primavera al invierno, pasando por el verano y el otoño. Junto a este ritmo solar está el de la luna que es más corto: desde su lento crecimiento hasta su desaparición como luna nueva y su vuelta otra vez al principio [...] El hombre convive con los astros; el recorrido del sol y de la luna marcan su propia vida»[8].

Los ciclos cósmicos, la sucesión de los días y de los años, no son, pues, una simple coordenada de la vida del hombre, sino que conforman el ámbito en el que se despliega su existencia concreta. Por eso, en cuanto dimensión que estructura el trans-

---

[6] CCE 1171. • [7] CR 17.
[8] J. Ratzinger [2001] 115.

curso de la propia biografía y de la historia humana, los ciclos cósmicos ofrecen al hombre un medio para *cuantificar* el tiempo. De aquí que los ritmos lunares (semanas, meses) y solares (días, estaciones, año), en sus distintas combinaciones, hayan servido a las diversas culturas como medida del tiempo.

Por otra parte, al expresar adecuadamente la implicación del hombre con la totalidad del universo, los ritmos astronómicos poseen la capacidad de ser una representación, un *símbolo*, del tiempo humano: «el tiempo cósmico, determinado por el sol, se convierte en representación del tiempo del hombre y, por tanto, del tiempo histórico»[9].

Así, el tiempo llamado cósmico es, en realidad, un tiempo antropológico, un *símbolo* de la temporalidad de la existencia humana. Es decir, los ritmos astronómicos no tienen, por sí, entidad temporal, son un continuo devenir de ciclos cósmicos indiferenciados, no poseen cronología: es el hombre quien cuantifica los ciclos del universo, al incorporarlos a su personal biografía y a la historia de la humanidad.

Pues bien, en cuanto ciclo último para la magnitud humana, el *año* es el símbolo primordial del tiempo de los hombres. En efecto, todos los ritmos del universo que la vida del hombre puede medir —horas, días, semanas, meses, estaciones— se desenvuelven en el transcurso del año; mientras que todo ciclo de cómputo más amplio —lustros, jubileos, siglos, eras...— carece de una referencia cósmica que pueda tener una dimensión simbólica o supera la magnitud humana y, con ella, toda posible experiencia biográfica. De aquí que el *año* sea no sólo la medida primordial del cómputo del tiempo, sino también su *símbolo* más perfecto: «el año es una imagen de la vida del hombre y, aun, de la historia de la humanidad»[10].

---

[9] *Ibid.* 116.
[10] O. Casel, *Il mistero...* 120.

2. El año litúrgico, signo del misterio de Cristo

«El tiempo tiene [en la revelación divina] una importancia fundamental. Dentro de su dimensión se crea el mundo, en su interior se desarrolla la historia de la salvación, que tiene su cima en la *plenitud de los tiempos* de la encarnación, y su término en el retorno glorioso del Hijo de Dios al final de los tiempos»[11].

Todo tiempo es tiempo de Dios. Los ritmos cósmicos, el tiempo del hombre, la historia humana, hunden sus raíces en el misterio de la creación. Hecho de la nada por Dios, el tiempo no es eterno, sino finito, aunque de confines inciertos: ha tenido un principio y tendrá un fin. Por eso, la temporalidad se define a sí misma como caducidad; es incapaz, por sí sola, de una trascendencia que vaya más allá de sus propios límites.

Dios crea el tiempo. En el Verbo eterno, *rex et factor temporum*[12], lo crea el Padre, como cauce para acoger a quien es su *plenitud*[13]: «Cristo ayer y hoy; principio y fin, alfa y omega»[14]. En el misterio de la encarnación, el Verbo se hace hombre, acogiendo una historia. En Cristo, la eternidad asume el tiempo y el tiempo se introduce en la eternidad, en la concreción práctica de una biografía: «en Jesucristo, Verbo encarnado, el tiempo llega a ser una dimensión de Dios»[15].

«En el Hijo coexisten tiempo y eternidad [«suyo es el tiempo y la eternidad» (vigilia pascual)]. La eternidad de Dios no es simplemente ausencia de tiempo, negación del tiempo, sino dominio sobre el tiempo, que se realiza en el ser-con y el ser-en

---

[11] TMA 10.
[12] Himno del oficio de lecturas de los domingos de cuaresma.
[13] Cfr. Gal 4:4.
[14] Vigilia Pascual: rito de la bendición del cirio.
[15] TMA 10.

el tiempo. Este ser-con se hace corpóreo y concreto en el Verbo encarnado, que siempre seguirá siendo hombre»[16]

Por su acontecer temporal, el *momento* de Cristo, plenitud de los tiempos, determina la historia de los hombres, que desde entonces se abre a una nueva dimensión: *el año de gracia del Señor*[17]. «Con la venida de Cristo se inician los *últimos tiempos* (cfr. Hb 1:2), la última hora (cfr. 1 Jn 2:18), se inicia el tiempo de la Iglesia que durará hasta la Parusía»[18]. En el misterio de la encarnación, la eternidad asume el tiempo dándole un nuevo valor. El *tiempo* de Cristo supera los límites caducos de la temporalidad: es el *momento pleno*, el tiempo que trasciende todo tiempo: «Jesucristo es el mismo ayer, hoy y siempre»[19]. Y, por tanto, permanece siempre presente en la historia: «yo estoy con vosotros todos los días hasta el fin del mundo»[20].

Por otra parte, cumplida su biografía histórica en el *misterio pascual* (muerte y resurrección) y sentado a la derecha del Padre ya para siempre[21], el *tiempo de los hombres* adquiere en Cristo una nueva cualidad: irrumpe en la eternidad. Rotas en la resurrección del Señor las cadenas de la caducidad, la historia se convierte en *ocasión* de eternidad: «la potencia de la muerte —la auténtica constante de la historia— ha sido vencida [...] y así una esperanza nueva ha penetrado en la historia»[22].

Pero aunque esta esperanza tiene lugar en el tiempo de los hombres y le da sentido, no se identifica ni confunde con la historia humana. Por sí misma, la temporalidad histórica es in-

---

[16] J. Ratzinger [2001] 114-115.
[17] Lc 4:19. Ya en el Antiguo Testamento, el obrar de Dios en la historia se definía *año de gracia de Yahvé*: Is 61:2.
[18] TMA 10.
[19] Hb 13:8.
[20] Mt 28:20.
[21] Hb 7:27.9:12.10:10.
[22] J. Ratzinger, *Elementi di teologia fondamentale*, Morcelliana, Brescia 1986, 136.

capaz de trascender los límites de su caducidad. Sólo participando del misterio de Cristo, «puente entre el tiempo y la eternidad»[23], la existencia humana se abre a la eternidad. Y Cristo vive y actúa en la historia en el *hoy* de la celebración de la liturgia sacramental de la Iglesia: «el día de Pentecostés, por la efusión del Espíritu Santo, la Iglesia se manifiesta al mundo (cfr. SC 6; LG 2). El don del Espíritu inaugura un tiempo nuevo en la «dispensación del Misterio»: el tiempo de la Iglesia, durante el cual Cristo manifiesta, hace presente y comunica su obra de salvación mediante la liturgia de su Iglesia, «hasta que él venga» (1 Co 11:26)»[24].

El hecho histórico de la salvación en Cristo es único e irrepetible[25], pero como verdadero *acontecimiento* afecta a la historia, permanece como *memoria* capaz de proyectarse a todas las actualidades futuras. En la celebración litúrgica, *memorial* del misterio de salvación[26], la presencia actual de Cristo acontece en el ahora de la historia[27]. El *momento* litúrgico se convierte, así, en *tiempo pleno*, síntesis de la entera historia de la salvación que culmina en Cristo y ámbito del *admirable intercambio* entre el tiempo y la eternidad[28]. De este modo, por la celebración litúrgica, el tiempo adquiere *dimensión de eternidad* y, por ello, al fiel que participa en la liturgia, el *momento de eternidad* le *acontece*, le atañe, pasa a ser una determinación estructural de su biografía, aunque —mientras esté todavía en este mundo y, por consiguiente, sujeto a la temporalidad— no se identifique plenamente con ella.

Ahora bien, como el discurrir de la historia está determinado en la práctica por la sucesión de los ciclos cósmicos, la Iglesia no celebra la liturgia en una yuxtaposición de momentos

---

[23] J. Ratzinger [2001] 114.
[24] CCE 1076.
[25] Cfr. Rm 6:9 y Hb 7:27 *passim*.
[26] «La Liturgia es memorial del Misterio de salvación»: CCE 1099.
[27] Cfr. CCE 1104 y 1363-1364.
[28] Cfr. Prefacio III de Navidad.

discontinuos, sino según los ritmos que articulan el devenir temporal. Y, en este sentido, en cuanto símbolo primordial del acontecer histórico, el *año* es asumido por la liturgia como *signo-mediación* para la presencia del misterio de Cristo: «el año santo de la Iglesia es la reproducción del año de la salvación en Cristo»[29], «el año de gracia del Señor», expresión que en el evangelio designa el acontecer salvífico del Dios eterno en la historia.

Por otra parte, debido a su carácter cíclico y su reiteración siempre idéntica pero siempre nueva, el *año* es también imagen de la plenitud infinita y eterna del *eón* o «tiempo de Dios». De aquí que el año litúrgico sea, en última instancia, símbolo temporal de la eternidad[30], reflejo sacramental del «hoy» eterno de Cristo a la derecha del Padre.

3. Estructura del año litúrgico

El ciclo litúrgico anual es fruto de la *experiencia* de la Iglesia. Su estructura actual es el resultado de un proceso orgánico a lo largo del tiempo. De ahí que sea más exacto «hablar de *desarrollo* y *crecimiento* [del año litúrgico] que de *organización*»[31]. Precisamente por eso, el ciclo litúrgico constituye un precioso testimonio de la tradición viva de la Iglesia.

3.1. Formación del ciclo anual

El primer testimonio relativo al uso de un término para designar una estructura anual de culto procede de los luteranos, de finales del siglo XVI: *Kirchenjahr* («año de la Iglesia»). Enunciados

---

[29] O. CASEL, *Mysterium des Kommenden*, Paderborn 1952, 41-42.
[30] Cfr. *ibid.* 39-45.
[31] S. Marsili, *Los signos del misterio de Cristo...* oc 327-328.

similares se encuentran ya en el siglo XVII en Francia (*Année chrétienne*) e Inglaterra (*Christian Year*). La expresión, hoy común, de *año litúrgico* fue acuñada a mediados del siglo XIX por Prosper Guéranger, en el título de su obra más representativa[32]. La locución, muy acertada, ha adquirido carta de naturaleza por su adopción por parte de algunos documentos magisteriales, como la encíclica *Mediator Dei* (1947), la constitución *Sacrosanctum Concilium* (1963) y el *Catecismo de la Iglesia Católica* (1992).

En el origen de las diversas tradiciones eclesiales del año litúrgico, se encuentra siempre la riqueza inagotable del misterio cristiano, capaz de dar respuesta tanto a la multiforme variedad de situaciones y sensibilidades históricas, como a las consiguientes exigencias pastorales. De aquí que, aunque el *misterio* del ciclo anual sea uno, pueda desplegarse en la indefinida variedad de facetas que lo componen; precisamente porque su *signo* de mediación —el año— se articula desde la variedad de tiempos y ciclos: días, semanas, estaciones.

Por regla general, la celebración litúrgica de un aspecto específico del misterio de Cristo ha precedido a su consideración teológica, aunque no faltan algunas fiestas surgidas como consecuencia de la reflexión eclesial[33]. De hecho, por su naturaleza vital, el *año litúrgico* se ha configurado de un modo complejo que no se puede reducir a un principio teórico, por medio de un entrelazamiento no siempre armónico de ciclos estacionales y celebraciones fijas.

Además del fundamento antropológico de la fiesta, presente en todas las culturas, el substrato primordial de las estructuras esenciales del año litúrgico se encuentra en los ritmos semanal y anual del culto de Israel.

«En la religiosidad veterotestamentaria, encontramos una doble distinción en lo que respecta al tiempo: por un lado, la

---

[32] P. Guéranger, *L'année liturgique* 1-9, Paris 1841-1849.
[33] En la Iglesia romana, tal es el caso de la celebración del *Corpus Christi*.

establecida por el ritmo semanal que se dirige hacia el sábado, por otro, la de las fiestas, que están determinadas, en parte, por la temática de la creación —siembra y cosecha, además de las fiestas de tradición nómada—, y en parte por la conmemoración de la actuación de Dios en la historia. Con frecuencia, estos dos orígenes se unen»[34].

Además del *sabbat* semanal, en tiempos de Cristo diversas fiestas anuales jalonaban la vida religiosa de Israel, con el fin de celebrar la presencia salvífica de Dios en la historia de su pueblo y su fidelidad a la Alianza[35]. Había tres fiestas de peregrinación a Jerusalén: pascua (*pesah*), semanas (*schavuot*) y tabernáculos (*sukkoth*). La pascua nace de la fusión de una celebración sacrificial de orígenes nómadas (inmolación de cordero) y una conmemoración de tipo agrícola (panes ázimos: *mazzot*), al comienzo de la recolección, asociadas a los acontecimientos del Éxodo de Israel. La fiesta de las semanas, cincuenta días después de los panes ázimos, era una acción de gracias por la cosecha de trigo, y conmemoraba la ratificación de la Alianza en el Sinaí. La fiesta de los tabernáculos, acción de gracias por la vendimia, duraba sietes días: los peregrinos vivían en cabañas, y su celebración estaba asociada a las condiciones de vida de Israel durante el Éxodo.

Por otra parte, en la primera luna de otoño, se festejaba el día de la expiación (*yom kippur*), con diversos ritos y sacrificios que ofrecía el sumo sacerdote por los pecados del pueblo. La fiesta de la dedicación del templo (*hanukka*) conmemoraba la purificación y consagración del Templo profanado, llevada a cabo el año 164 a.C., tras la revuelta de los Macabeos. Por último, la fiesta del *purim*, el último mes del año judío, recuerda la extraordinaria liberación de las penalidades del destierro.

---

[34] J. Ratzinger [2001] 117.
[35] Cfr. M. Kunzler [1999] 572-574.

La literatura apostólica, como se ve de modo muy claro en la «carta a los Hebreos», contempló en estas celebraciones una figura del misterio de Cristo. Desde sus orígenes, el culto de la Iglesia gira en torno a la celebración de la *pascua* de Cristo. En el *misterio* de la muerte y resurrección de Cristo, ocurrido en el contexto de las fiestas pascuales de Israel —núcleo del culto veterotestamentario—, la Iglesia advirtió el cumplimiento acabado y definitivo del obrar salvífico de Dios en la historia. La *pascua* de Cristo fue así contemplada como fuente y centro del culto (*liturgia*) y de la *vida* misma de la Iglesia.

El culto eclesial nace, pues, de la pascua y para celebrar la pascua. Y la formación del calendario litúrgico consistió en el desarrollo orgánico desde la celebración sintética del único *misterio* de Cristo, a la contemplación diferenciada de sus distintos aspectos (*misterios*) y su concreción particular en la experiencia histórica de la Iglesia.

Originalmente, esta naturaleza pascual del culto siguió un ritmo semanal. En el inicio del calendario litúrgico se encuentra, por esto, la celebración del *domingo*, el «día del Señor», como fiesta del misterio pascual de Cristo (*tiempo ordinario*[36]). Muy pronto, sin embargo, se advirtió la necesidad de celebrar anualmente este acontecimiento (*fiesta de la pascua*), según una estructura testimoniada ya en el siglo II que, a semejanza del calendario de Israel, acabará prolongándose durante cincuenta días (*cincuentena pascual*).

Por otra parte, durante los siglos III y IV, el desarrollo de algunas instituciones litúrgicas (iniciación cristiana y disciplina penitencial) dio lugar a la formación de un periodo de preparación para las fiestas pascuales que, inspirado en el simbolismo de los «cuarenta días» —presente en el Antiguo y en el Nuevo Testamento—, acabó por configurar el tiempo de *cuaresma*.

---

[36] De aquí que, durante el tiempo ordinario, en la Iglesia romana sólo existan todavía formularios eucarísticos dominicales.

Además, desde el siglo IV, la necesidad de contemplar y revivir cada uno de los episodios pascuales del «drama» de la redención, conformó la *semana santa* y la especificación de algunas fiestas como la *ascensión* y *pentecostés*.

El *ciclo natalicio*, en torno a las fiestas de *navidad* y *epifanía* —testimoniadas ya en el siglo IV, aunque de origen anterior y en gran parte incierto—, constituyó enseguida el segundo gran eje del año litúrgico, centrado en el misterio de la manifestación de Cristo en la carne. Más tarde, a semejanza del ciclo pascual, algunas tradiciones eclesiales comenzaron a destinar un tiempo, de cuatro o seis semanas, que lo precediera, como anuncio litúrgico para preparar la venida de Cristo: *adviento*.

Por último, estos ciclos estacionales se vieron paulatinamente acompañados de fiestas en honor de María, la madre de Dios, por su relación íntima con el misterio de la redención, y de los mártires y santos, cuya sangre y vida manifiestan de modo admirable su conformación con Cristo.

3.2. El calendario litúrgico

«La ordenación de la celebración se rige por el calendario del año litúrgico»[37]. El *calendario litúrgico* regula, en efecto, el conjunto orgánico anual de las celebraciones de la Iglesia, vertebradas a partir de los grandes ciclos del misterio de Cristo.

La noticia más antigua acerca de un calendario eclesiástico se remonta al año 354, en la Iglesia romana. Se trata de un calendario de carácter a un tiempo civil y eclesiástico y su primera redacción es del año 336. Contiene el elenco de las fiestas de los mártires y de los Papas venerados en Roma a mediados del siglo IV.

---

[37] CR 48.

En la Edad Media, se tiende a multiplicar las fiestas de los santos, en detrimento de los grandes ciclos estacionales del misterio de Cristo. La simplificación del calendario, establecida en los libros litúrgicos tridentinos, no impidió que con el transcurso de los siglos la estructura fundamental del año litúrgico se viera de nuevo, en vísperas del concilio Vaticano II, oscurecida por la excesiva extensión del ciclo santoral.

La constitución conciliar *Sacrosanctum Concilium* establece los criterios básicos para la reforma del ciclo anual, el primero de los cuales es la primacía de la celebración del misterio pascual —y, por tanto, de los ciclos estacionales—, en la articulación del año litúrgico: «revísese el año litúrgico de manera que [...] se mantenga su índole primitiva para que alimente debidamente la piedad de los fieles en la celebración de los misterios de la redención cristiana, muy especialmente del misterio pascual. Oriéntese el espíritu de los fieles, sobre todo a las fiestas del Señor, en las cuales se celebran los misterios de salvación durante el curso del año. Por tanto, el ciclo temporal tenga su debido lugar por encima de las fiestas de los santos, de modo que se conmemore convenientemente el ciclo entero del misterio salvífico»[38].

De este modo, el nuevo *calendario*, articulado en torno a la Pascua de Cristo, privilegia los *tiempos* que celebran el misterio de la salvación: a) el *ciclo pascual*, centrado en el *santo triduo*, y completado por la *cuaresma* que lo precede y la *cincuentena* que lo prosigue; b) el *ciclo de la manifestación: tiempo de navidad* y *adviento*; c) el *tiempo ordinario*, que no siendo un ciclo estacional gira, durante las restantes treinta y cuatro semanas del año, en torno a la celebración del *domingo*.

Por otra parte, «para que las fiestas de los santos no prevalezcan sobre los misterios de la salvación»[39], el nuevo calendario

---

[38] SC 107-108. • [39] SC 111.

procedió a una simplificación del *santoral*, siguiendo como criterio directivo el relieve universal de la persona y obra del santo: «déjese la celebración de muchas [fiestas de los santos] a las iglesias particulares, naciones o familias religiosas, extendiendo a toda la Iglesia sólo aquellas que recuerdan a santos de importancia realmente universal»[40]. En cualquier caso, el culto a los santos es positivo y no oscurece los misterios centrales de la fe, sino que ayuda a ilustrarlos y a comprenderlos.

---

[40] SC 111.

Capítulo IX
TIEMPOS Y CICLOS DEL AÑO LITÚRGICO

A lo largo del año litúrgico, «la santa Iglesia celebra la memoria sagrada de la obra de la salvación realizada por Cristo»[1]. Durante su transcurso, los acontecimientos de Cristo se vuelven periódicamente actuales y presentes: «cuando la Iglesia [en el año litúrgico] celebra el misterio de Cristo, hay una palabra que jalona su oración: ¡Hoy!»[2] Y, del mismo modo que la pascua del Señor constituye el punto culminante de la vida de Cristo y de la historia de la salvación, así también su celebración sacramental se sitúa en el centro del año litúrgico: «a partir del *triduo pascual,* como de su fuente de luz, el tiempo nuevo de la resurrección llena todo el año litúrgico con su resplandor»[3]. Y, en este sentido, el ciclo anual puede ser considerado como un despliegue de los distintos aspectos del misterio pascual.

«El año litúrgico [...] no es una representación fría e inerte de cosas que pertenecen a tiempos pasados, ni un simple y desnudo recuerdo de una edad pretérita; sino más bien es Cristo mismo que persevera en su Iglesia»[4]. Los tiempos y fiestas que

---

[1] CR 1. • [2] CCE 1165
[3] CCE 1168. Cfr., también, SC 5 y CCE 1067.
[4] MD 205.

jalonan el curso del año litúrgico constituyen el ritmo existencial de la vida de la Iglesia[5]. Participando en los misterios del Señor, cíclicamente celebrados en el transcurso del año, los fieles son progresivamente configurados con Cristo: «conmemorando así los misterios de la Redención, [la Iglesia] abre las riquezas del poder santificador y de los méritos de su Señor, de tal manera que, en cierto modo, se hacen presentes en todo tiempo para que puedan los fieles ponerse en contacto con ellos y llenarse de la gracia de la salvación»[6].

1. El «día del Señor»

«La Iglesia, desde la tradición apostólica que tiene su origen en el mismo día de la resurrección de Cristo, celebra el misterio pascual cada ocho días, en el día que se llama con razón «día del Señor» o domingo (SC 106). El día de la resurrección de Cristo es a la vez «el primer día de la semana», memorial del día de la creación, y «el octavo día» en que Cristo, tras su «reposo» del gran *sabbat*, inaugura el Día «que hace el Señor», el «día que no conoce ocaso». El «banquete del Señor» es su centro, porque es aquí donde toda la comunidad de los fieles encuentra al Señor resucitado que los invita a su banquete»[7].

El *domingo* es la principal fiesta de la Iglesia; hasta bien entrado el siglo II, el año litúrgico se articulaba en torno al domingo. Cuando a la pascua dominical se añadió la celebración solemne de la pascua anual, ésta no fue sino una derivación del domingo.

«El día del Señor —como ha sido llamado el domingo desde los tiempos apostólicos— ha tenido siempre, en la historia de la Iglesia, una consideración privilegiada por su estrecha rela-

---

[5] Cfr. CCE 2698. • [6] SC 102. • [7] CCE 1166.

ción con el núcleo mismo del misterio cristiano. En efecto, el domingo recuerda, en la sucesión semanal del tiempo, el día de la resurrección de Cristo. Es la *pascua de la semana*»[8].

La razón de ser del domingo es celebrar la pascua del Señor, misterio que la eucaristía hace presente y comunica. Pero la presencia del cuerpo glorioso de Cristo en la eucaristía dominical exige y reclama la presencia de todo su Cuerpo místico, la Iglesia, pues ambos tienen su origen en la pascua y son inseparables. Por esto, el domingo es «el día por excelencia de la asamblea litúrgica»[9].

1.1. *Historia de la celebración dominical*

El origen y significado del domingo se fundamenta en los hechos y tradiciones pascuales: la gloriosa resurrección de Cristo de entre los muertos, las apariciones a sus apóstoles, el «banquete mesiánico» con los discípulos, la donación del Espíritu y el mandato misionero de la Iglesia.

Según los testimonios del Nuevo Testamento y de la primitiva tradición eclesial[10], en las incipientes comunidades cristianas, el domingo es el día en el que se reúne la asamblea para escuchar la Palabra de Dios, celebrar la eucaristía y los sacramentos de la iniciación cristiana; conmemora el primer día de la creación y el primero de la nueva creación: la resurrección, y también Pentecostés; y es día para la reconciliación y, en consecuencia, para la alegría del fiel cristiano.

---

[8] DD 1.

[9] CCE 1177. Acerca de la dimensión eucarística y eclesial del domingo, vid. DD 31-54.

[10] Se trata de testimonios de Ignacio de Antioquía, Didaché, Justino, Orígenes, Didaskalia, Clemente, Tertuliano, Cipriano, Plinio el Joven, Tradición Apostólica, etc.

Entre los siglos IV y VI, la celebración del domingo conoció una situación nueva, motivada por la introducción del descanso semanal, el desarrollo del año litúrgico y la pérdida del primer fervor cristiano.

Antes de la «paz de la Iglesia», el domingo era día laboral. El año 321, el emperador Constantino prohibió todos los trabajos no agrícolas en el «día venerable del Sol»; y a finales del s. IV se promulgó una ley que impedía la celebración en dicho día de juegos y espectáculos.

Por otra parte, durante este periodo, a consecuencia de la formación de los ciclos de año litúrgico (cuaresma, pascua, navidad y adviento), muchos domingos pasaron de su original carácter de celebración semanal de la Pascua del Señor, a conmemorar aspectos concretos del misterio de Cristo.

De esta época proceden las primeras quejas referentes a quienes se ausentaban de la asamblea de culto dominical para dedicarse a sus negocios o acudir al circo y al teatro: «¿qué excusa presentará a Dios quien, anteponiendo sus intereses particulares, no acude el domingo a nutrirse de la Palabra que salva y del alimento divino que permanece eterno?» (Didaskalía). De aquí que, paulatinamente, se subrayara la obligación moral de participar en la eucaristía. Así, el concilio de Agde (506) promulgó la primera ley eclesiástica sobre la obligación grave de participar en la misa dominical; base jurídica de la disciplina posterior.

Durante la Edad Media, la conmemoración de los santos desplazó progresivamente a la celebración dominical de la pascua del Señor. Ya en el siglo XII, la consideración del domingo como un día especialmente consagrado a la santísima Trinidad llevó a la sustitución, en la misa conventual, de los antiguos formularios dominicales por la misa votiva correspondiente. De este modo, desde el comienzo de la modernidad, perdido el sentido primigenio del domingo, la literatura eclesiástica se limitó a la prohibición de las obras serviles, y las frecuentes exhortaciones al descanso dominical y a la asistencia a la misa.

La situación empeoró durante la Ilustración, con los ataques del agnosticismo y del deísmo. La revolución francesa intentó imponer un nuevo calendario, que no prosperó, que dividía el mes en decenas, y suplantaba el día del Señor por el descanso del «día décimo». Ya en el siglo XIX, a causa de la revolución industrial, la jerarquía debió mantener un duro pulso con los intereses económicos liberales, para salvaguardar el descanso dominical. San Pío X, ante la amenaza de la creciente secularización, afrontó la renovación del domingo, reformando el calendario litúrgico y recuperando el sentido original del día del Señor.

No es de extrañar que el concilio Vaticano II subrayara la importancia del domingo para la vida cristiana: «la Iglesia, por una tradición apostólica, que trae su origen del mismo día de la resurrección de Cristo, celebra el misterio pascual cada ocho días, en el día que ha llamado con razón «día del Señor» o domingo. En este día, los fieles deben reunirse a fin de que, escuchando la palabra de Dios y participando en la eucaristía, recuerden la pasión, la resurrección y la gloria del Señor Jesús y den gracias a Dios que les hizo renacer a la viva esperanza por la resurrección de Jesucristo de entre los muertos. Por esto, el domingo es la fiesta primordial, que debe presentarse e inculcarse a la piedad de los fieles de modo que sea también día de alegría y de liberación del trabajo. No se le antepongan otras solemnidades, a no ser que sean de verdad de suma importancia, puesto que el domingo es el fundamento de todo el año litúrgico»[11].

El texto conciliar presenta de este modo una síntesis de la doctrina neotestamentaria, patrística y teológico-litúrgica de la celebración dominical: a) origen apostólico; b) elementos constitutivos: reunión de la comunidad cristiana, escucha de la Palabra de Dios y celebración de la eucaristía como actualización

---

[11] SC 106.

del misterio pascual; y c) consecuencias, tanto para el día en sí (día principal de la semana y núcleo del año litúrgico), como para la comunidad cristiana (día de alegría y descanso, y de viva esperanza).

1.2. *Teología del domingo*

Toda la teología del domingo se deriva de ser el «día del Señor». La expresión debió acuñarse muy pronto, en la era apostólica[12], a partir del concepto bíblico del «día en que actuó el Señor»[13], el futuro día de Yahvéh, cuando el Señor se manifieste para juzgar a los hombres[14]; tiempo que el Nuevo Testamento encuentra cumplido en la Pascua de Cristo[15], por ser el momento en el que Jesús de Nazaret, por su resurrección, ha sido constituido como Señor, sentado a la derecha de Dios Padre en la gloria, de donde volverá para juzgar a todos los hombres, y cuyo reino no tendrá fin. Por eso, las primeras generaciones cristianas designaron a Cristo resucitado como *Kyrios*, término con que, en la versión griega de la Sagrada Escritura, se traducía el nombre divino que nadie podía atreverse a pronunciar, atribuyendo así a Cristo la semejanza divina con el Padre y considerándolo digno del mismo honor[16].

La expresión «día del Señor», por el contrario, nunca fue aplicada en el Antiguo Testamento al sábado; día que era designado como «día santo», «día consagrado al Señor», «sábado para el Señor», «sábado del Señor, tu Dios»..., con especial insistencia en el descanso (*sabbat*) del Señor[17].

---

[12] Cfr. Ap 1:10.
[13] Cfr. Sal 118 [117]:24 y Ml 3:17.4:3.
[14] Cfr. Is 2:12, Am 5:18-20 y Jl 2:1-2.
[15] Cfr. Mt 21:24, Act 4:11 y 1 P 2:7-8. • [16] Cfr. Flp 2:9-11.
[17] Cfr. Dt 5:14.

El «día del Señor» remite a Cristo glorificado, exaltado a la derecha del Padre, Mesías e Hijo de Dios. El domingo es, por consiguiente, el día que celebra al Señor como único salvador[18]. De este modo, el «día del Señor» no es un simple recuerdo de la resurrección de Cristo, sino celebración de la presencia perenne de quien ha vencido, ya para siempre, a la muerte y a las cadenas de la caducidad.

Por otra parte, como *primer día* de la semana, el domingo celebra la obra de la creación de Dios, de la cual el misterio del Hijo eterno del Padre es origen y fin[19]. De este modo, el domingo es también una fiesta cósmica, que remite al origen de todo origen, y reservada para que toda la creación alabe a su Dios.

Además, la literatura cristiana de los primeros siglos llamó al domingo el *octavo día*, para subrayar su dimensión profética y escatológica, dado que el «día del Señor» también mira al futuro, como prenda y anticipo de los nuevos cielos y la nueva tierra, la nueva creación instaurada tras la segunda venida, gloriosa, de Cristo[20].

El número siete, en efecto, significa en la sagrada Escritura plenitud: ahora bien, el «día octavo», al no pertenecer al decurso de la semana, es un día más allá del tiempo, de la historia y del mundo creado; y por tanto un día que pertenece a la eternidad. Por eso, el domingo es una llamada a buscar «las cosas de arriba»[21], a vivir aquella tensión escatológica inherente a la naturaleza de la Iglesia y de la vocación cristiana.

Por último, el domingo posee también una profunda dimensión antropológica, subrayada por los últimos documentos magisteriales[22]. En este sentido, el domingo es, a su vez, *día del hombre* y celebra su señorío sobre el trabajo y el tiempo, como

---

[18] Cfr. Rm 10:9-13. • [19] Cfr. DD 8. Cfr. Col 1:16. • [20] Cfr. DD 26.
[21] Cfr. Col 3:1. • [22] Cfr. DD 55-80.

consecuencia de su ser imagen y semejanza de Dios en el mundo. Es así una fiesta memorial del proceso de humanización del universo: cultura.

2. El ciclo de la Pascua de Cristo

2.1. El tiempo de Cuaresma

Cuando la Iglesia comenzó a celebrar anualmente el misterio pascual de Cristo, en el siglo II, advirtió la necesidad de una preparación adecuada, por medio de la oración y el ayuno, según el modo prescrito por el Señor. Surgió así la piadosa costumbre del ayuno del viernes y sábado previos al domingo de pascua.

Por otra parte, en la Iglesia de Alejandría, de estrechas relaciones con la sede romana, se conocía ya durante el siglo III una semana de ayuno previo a las fiestas pascuales. De todos modos, habrá que esperar hasta el siglo IV para encontrar una estructura orgánica del tiempo cuaresmal: en esta época aparece ya consolidada en casi todas las Iglesias la institución de la cuaresma de cuarenta días.

En su formación y desarrollo influyeron las exigencias del catecumenado y de la disciplina penitencial canónica (vid. cap. VII, 1 y 2): como el periodo de preparación intensa para recibir los sacramentos de la iniciación o de la reconciliación se prolongaba durante seis semanas, este tiempo recibió el nombre de *quadragesima* o cuaresma.

Durante el primer estadio de organización cuaresmal, a causa de la praxis del ayuno, tan sólo se celebraban reuniones eucarísticas los domingos; entre semana, se convocaban asambleas litúrgicas no eucarísticas los miércoles y viernes. A finales del siglo VI, se celebraba ya la eucaristía los lunes, miércoles y viernes. Más tarde se añadieron las asambleas eucarísticas de los martes y sábados. Por último, el proceso se completó durante el pontificado de Gregorio II (715-731), con la asignación de un formulario eucarístico para los jueves de cuaresma.

Hacia finales del siglo V, el miércoles y viernes previos al primer domingo cuaresmal comenzaron a celebrarse como si formaran parte del periodo penitencial, probablemente como medio de compensar los días (domingos) en los que se rompía el ayuno. Ese miércoles, los que serían reconciliados con Dios y con la Iglesia ingresaban, por la imposición de la ceniza, en el *ordo* de los penitentes. Cuando esta institución litúrgica desapareció, el rito se extendió a toda la comunidad de fieles: tal es el origen del *miércoles de ceniza*.

El *significado teológico de la cuaresma* es muy profundo. La estructura de cuarentena conlleva un peculiar enfoque espiritual. El ayuno cuaresmal supone unas connotaciones propias, impuestas por el sentido simbólico del número cuarenta en la historia de la salvación[23]. Toda la tradición occidental inicia la cuaresma, en efecto, con la proclamación del evangelio de las tentaciones de Jesús: el periodo cuaresmal constituye así una experiencia de desierto que, como en el caso del Señor, se prolonga durante cuarenta días. En la cuaresma, la Iglesia vive un *combate* espiritual intenso, como tiempo de ayuno y de prueba, y se prepara para la victoria definitiva sobre el misterio de la iniquidad.

La reforma promovida por el concilio Vaticano II señala que la cuaresma posee una doble dimensión, bautismal y penitencial, y ha subrayado su carácter de tiempo de preparación para las solemnidades de la pascua, en un clima de atenta escucha de la palabra de Dios y de oración incesante[24].

---

[23] Así, la cuarentena evoca la idea de *preparación* para la misión recibida por la propia vocación: cuarenta días de Moisés y de Elías previos a su encuentro con Yahvé; cuarenta días empleados por Jonás para alcanzar la penitencia y el perdón de Nínive; cuarenta días de ayuno de Jesús antes de comenzar su ministerio público...

[24] Cfr. SC 109 y CR 27.

Para devolver a la cuaresma su simplicidad original, conforme a las intenciones conciliares, se suprimieron los domingos de septuagésima, sexagésima y quincuagésima y el denominado tiempo de pasión, que comenzaba el quinto domingo de cuaresma. El nuevo *calendario romano* sitúa a la cuaresma como un periodo de seis semanas, comprendido entre el miércoles de ceniza y la Misa *in cena Domini* de la tarde del jueves santo[25]. Así, el periodo de preparación para la pascua queda constituido por un periodo de cuarenta días, con una estructura clara y homogénea.

El leccionario cuaresmal fue ampliado y mejorado. Las lecturas del Antiguo Testamento en los cinco primeros domingos recuerdan las grandes etapas del camino de la humanidad hacia la pascua de Cristo: las grandes alianzas, la posesión de la tierra prometida y el anuncio profético. El evangelio de los dos primeros domingos refleja la tradición romana, que los ha reservado desde tiempo inmemorial a las tentaciones de Jesús en el desierto y a la transfiguración, según los textos de los sinópticos. Para los tres domingos siguientes, el ciclo A ha quedado ligado al catecumenado, ya que incluye los evangelios de la catequesis bautismal: revelación de Jesús a la samaritana, curación del ciego de nacimiento, y resurrección de Lázaro. El ciclo B se ocupa de la restauración del mundo en la nueva alianza sellada por la exaltación de Cristo en la cruz; y el ciclo C invita a la conversión y a la penitencia, manifestando la misericordia de Dios.

La última semana del periodo cuaresmal ha gozado desde antiguo de una particular relevancia: *semana santa* o *gran semana*[26]; en su transcurso, la Iglesia recuerda los últimos días de la vida del Señor[27]. En su origen se encuentra el influjo de la liturgia de Jerusalén, la primera que vivió de modo cronológico

---

[25] Cfr. CR 28. • [26] Cfr. CR 30. • [27] Cfr. FPasch 27.

los acontecimientos que precedieron de modo inmediato a la pasión de Cristo. Inicia con el sexto domingo de cuaresma, más conocido como *domingo de ramos en la pasión del Señor*, que conmemora tanto la entrada gloriosa de Cristo en Jerusalén, presagio de su triunfo pascual, como el anuncio de su pasión[28].

La doble denominación y contenido de la fiesta proviene del encuentro de dos celebraciones distintas, una romana (la pasión) y otra jerosolimitana (ingreso triunfal en la ciudad santa)[29].

El periodo concluye la mañana del jueves santo con la *misa crismal*, que el obispo concelebra con su presbiterio[30], como expresión de la comunión del obispo con sus presbíteros en el único e idéntico sacerdocio y ministerio de Cristo. Durante la celebración se bendicen los santos óleos y se consagra el crisma[31].

2.2. *Triduo pascual*

El *santo triduo* de la pasión y resurrección del Señor constituye la fuente y la cima del entero año litúrgico, al celebrar la obra de la redención de los hombres y de la perfecta glorificación del Padre cumplida por Cristo en su misterio pascual[32]. En sus oficios litúrgicos, las bienaventuradas pasión y resurrección del Señor se vuelven sacramentalmente presentes, para que los fieles renueven su vocación cristiana en la misma fuente de vida de la Iglesia y del mundo. La praxis actual de la Iglesia romana considera que el triduo da comienzo la tarde del jueves santo, con la misa *in cena Domini*, culmina en la vi-

---

[28] Cfr. FPasch 28.

[29] La fiesta se propagó pronto por todo el Oriente cristiano, convirtiéndose en *domingo de ramos*. En Roma, por el contrario, habrá que esperar hasta los siglos VII-IX para encontrar los primeros testimonios de dicha procesión.

[30] Cfr. CR 31; FPasch 27.

[31] Cfr. FPasch 35.

[32] Cfr. SC 5; CR 18; FPasch 2.

gilia de la pascua, y concluye con las vísperas del domingo de resurrección[33].

La liturgia del triduo sacro se funda en la unicidad del misterio pascual de Cristo. Cada momento del triduo no debe ser, por tanto, considerado aisladamente, sino a la luz de su relación con los demás misterios y su centro, la santa vigilia pascual. El triduo sacro es, pues, una pascua celebrada en tres días. Por medio de los ritos pascuales, la Iglesia revive los misterios de nuestra redención, participando de la pasión y glorificación del Señor, y accediendo a los tesoros de la gracia obtenida con el precio de su sangre.

La celebración litúrgica de la Pascua hunde sus raíces en la comprensión que la Iglesia posee de sus orígenes. Deslumbrada por la realidad histórica de la muerte y resurrección de Cristo, la primitiva Iglesia, fiel al mandato de su Señor, advirtió la necesidad de celebrar litúrgicamente esos acontecimientos por medio de un rito memorial que los renovara sacramentalmente.

Durante los primeros compases de la vida de la Iglesia, la Pascua del Señor se conmemoraba en la asamblea eucarística convocada el domingo, día de la resurrección del Señor. Sin embargo, muy pronto, en el siglo II, se sintió la necesidad de reservar un domingo particular del año, en consonancia con la fecha concreta de la pasión y resurrección de Cristo. Llegados a este punto, la institución de un triduo sagrado era sólo cuestión de tiempo, cuando en el siglo IV la Iglesia de Jerusalén comenzó a revivir los misterios de Cristo en el marco topográfico y cronológico en que acontecieron.

Las celebraciones del triduo sacro comienzan con la misa vespertina *in Cena domini,* que conmemora un triple misterio:

---

[33] Cfr. CR 19; FPasch 38. La ampliación actual del triduo a la tarde del jueves no rompe la unidad originaria en tres días, pues la celebración eucarística *in cena Domini* celebra, precisamente, la anticipación sacramental de la pasión y resurrección que Cristo instituyó ese mismo día.

la institución de la sagrada eucaristía, la del sacerdocio de la nueva ley, y el amor infinito de Cristo expresado en el mandamiento de la caridad fraterna. No obstante, los dos últimos misterios encuentran su fundamento en el sacramento de la eucaristía, fuente de todo don y máxima expresión de la entrega amorosa. Terminada la celebración, la eucaristía es llevada de modo solemne hacia el lugar de la reserva, para que los fieles puedan adorar al Señor, verdadera, real y sustancialmente presente en el sacramento. Los cristianos son invitados a la meditación y contemplación de los misterios de la pasión y muerte de Jesucristo, al hilo de la lectura de los evangelios.

El *viernes santo* conmemora la pasión y muerte del Señor. La teología del viernes santo es particularmente expresiva: durante este día, la Iglesia rememora el sacrificio de su Señor y Esposo, mediante la adoración de la Cruz, recuerda su nacimiento del costado de Cristo y, por la plegaria universal, intercede por la salvación del universo. Es, por tanto, un día de esperanza y confianza en Dios para la Iglesia, aún en medio del dolor. Los sufrimientos de Cristo atraen la benevolencia del Padre. La cruz, símbolo del patíbulo y de la ignominia, es adorada: el instrumento de humillación se convierte en término de la gloria.

El oficio romano actual, recuperado a partir de las reformas de Pío XII y del concilio Vaticano II, sigue la estructura de la antigua liturgia presbiteral romana: liturgia de la palabra —incluye tres lecturas (la tercera, la pasión según san Juan) y oración universal, elementos procedentes de la tradición papal—, adoración de la Cruz, y comunión con la eucaristía consagrada la tarde anterior.

El *sábado santo*, denominado *gran sábado* por los cristianos de Oriente, honra el descanso de Cristo en el sepulcro, su descenso a los infiernos y su encuentro con cuantos esperaban la apertura de los cielos. Ese día los cristianos, mediante la oración y el ayuno, acompañan a Jesús en el silencio del santo sepulcro, esperando la resurrección del Señor. En apariencia, la historia de Cristo ha terminado; la causa de Dios se ha perdido. Pero Jesús desciende a los infiernos para librar a los justos de la antigua Ley, en premio a su fe en las promesas mesiánicas. Por esta razón, la Iglesia no conoce celebración alguna, excepto la liturgia de las Horas. El cristiano, unido a los dolores de María, sabe que el silencio de Dios en la historia es sólo aparente y se llena de esperanza para la vida futura.

Durante la *vigilia pascual,* la noche santa de la resurrección del Señor, «madre de todas las vigilias» (san Agustín), la Iglesia espera en atenta vela la resurrección del Señor, para seguidamente celebrarla mediante los sacramentos de iniciación: bautismo, confirmación y eucaristía. La vigilia pascual culmina el triduo sacro, y da inicio —en su prolongación en el domingo de resurrección— al tiempo pascual. La vigilia comienza cuando Cristo aún descansa en el sepulcro y termina en la madrugada del día consagrado a la gloria de su resurrección. Por eso, se debe celebrar una vez entrada la noche y antes del alba del domingo.

El contenido teológico de la vigilia pascual engloba, a un tiempo, el misterio de Cristo salvador y del cristiano salvado. Hoy día, la vigilia posee una estructura litúrgica articulada a partir de cuatro ritos de un hondo carácter simbólico: lucernario o liturgia de la luz, liturgia de la Palabra, liturgia bautismal y liturgia eucarística.

La *liturgia de la luz* encuentra su origen en el antiguo oficio del «lucernario», que se celebraba al anochecer. El rito actual simboliza a Cristo, luz del mundo, que con su muerte y resurrección vence a las tinieblas del pecado y del mal. El oficio consta de la bendición del fuego, bendición y encendido del cirio, procesión con el cirio y canto del pregón pascual.

La *liturgia de la Palabra* tiene nueve lecturas, siete del Antiguo Testamento, que desarrollan los grandes temas de la historia de la salvación: creación, sacrificio de Abraham, paso del mar Rojo, nueva Jerusalén... Acompaña a cada lectura una *oración* que explica y subraya el significado de los textos, a la luz del misterio de Cristo. Las *lecturas del Nuevo Testamento* se centran en el bautismo, sacramento de la participación en la muerte y resurrección de Cristo. El *Evangelio* proclama los acontecimientos de la mañana del domingo de pascua.

La vigilia pascual siempre se ha considerado un día consagrado al bautismo. De aquí que, aun cuando no haya nuevas iniciaciones sacramentales, la *liturgia bautismal* deba siempre suceder a la liturgia de la palabra. El rito consta de *letanías, bendición del agua, bautismo* (en su caso) y *renovación de las promesas bautismales*.

La vigilia alcanza su cima con la *liturgia eucarística* actualización sacramental del sacrificio pascual de Cristo. La *oración sobre las ofrendas* relaciona la eucaristía con la nueva vida que nace de los sacramentos pascuales; el *prefacio* se centra en el misterio pascual de la muerte y glorificación de Cristo, y la *oración después de la comunión* contempla la eucaristía como el sacramento pascual que dona y exige la caridad fraterna universal.

2.3. *Cincuentena pascual*

Concluida la celebración de la vigilia, comienza la cincuentena pascual, que conmemora la glorificación de nuestro Señor Jesucristo, la donación del Espíritu Santo al mundo y el comienzo de la misión de la Iglesia. El *tiempo pascual* está constituido por los cincuenta días que transcurren entre el *domingo de resurrección* y el *domingo de pentecostés* y constituye un solo y único día festivo: el *gran domingo*[34].

---

[34] Cfr. CR 24.

La primera semana forma la *octava de pascua*, que se celebra como una única solemnidad del Señor[35]. Esta semana —*in albis*, según se denomina en el rito romano— surgió en el siglo IV con el fin de asegurar a los neófitos la catequesis acerca de los divinos misterios que habían experimentado en los sacramentos de iniciación, recibidos en la vigilia pascual.

La celebración del día conclusivo de la cincuentena, *Pentecostés*, surgió a finales del siglo III por influjo de la fiesta homónima del culto de Israel. Ya en el siglo IV se advierte en la Iglesia de Jerusalén un doble contenido: ascensión del Señor a los cielos y manifestación del Espíritu Santo en el mundo. Poco a poco, el proceso de distinción cronológica de los misterios de Cristo, según los evangelios, llevó a algunas Iglesias a celebrar una fiesta de la *Ascensión del Señor*, cuarenta días después de la resurrección.

Durante el tiempo de pascua, la Iglesia se contempla a sí misma como ámbito de la presencia ininterrumpida del Señor, movida por el dinamismo del Espíritu Santo, en el camino hacia su verdadera patria, instaurada con la segunda y definitiva venida de Cristo. Los domingos se conmemoran las apariciones del Señor resucitado y su misión de buen pastor, que ha dado la vida por el rebaño, como sacerdote de la nueva y definitiva alianza. La fiesta de la Ascensión celebra la subida de Cristo a los cielos, y fundamenta la esperanza en su segunda venida y la exaltación gloriosa de la humanidad redimida al final de los siglos. El domingo de Pentecostés, por último, muestra la íntima relación entre la resurrección de Cristo y la venida del Espíritu Santo: todo el tiempo pascual es considerado como un tiempo del Espíritu, subrayando así el carácter unitario de los misterios de la Pascua.

Durante este tiempo, los fieles recuerdan que la vida nueva incoada con los sacramentos de la iniciación, y celebrada en la

---

[35] Cfr. CR 22; FPasch 100.

conmemoración de los misterios de la pascua, debe perpetuarse durante toda su existencia. En medio de las circunstancias cotidianas, descubren la presencia del Señor resucitado que les llama a ser testigos de su victoria y a dar testimonio de su paso entre los hombres.

3. El ciclo de la manifestación del misterio de Cristo

3.1. El tiempo de Adviento

«La venida del Hijo de Dios a la tierra es un acontecimiento tan inmenso que Dios quiso prepararlo durante siglos [...] Al celebrar anualmente la liturgia del Adviento, la Iglesia actualiza esta espera del Mesías: participando en la larga preparación de la primera venida del Salvador, los fieles renuevan el ardiente deseo de su segunda venida»[36].

El origen del tiempo de *Adviento* permanece todavía incierto. El término *adventus* designaba la venida del Hijo eterno de Dios a este mundo, en su doble dimensión de advenimiento en la carne —*encarnación*[37]— y advenimiento glorioso: *parusía*[38]. De hecho, la tensión entre ambos significados se ha encontrado siempre presente en este tiempo litúrgico, si bien el sentido de *venida* fue reemplazado por *preparación para la venida*.

El calendario romano actual conserva la *indeterminación* teológica de este tiempo litúrgico: «el tiempo de adviento tiene una doble índole: es el tiempo de preparación para las solemnidades de Navidad, en las que se conmemora la primera venida

---

[36] CCE 522 y 524.
[37] Cfr. Ml 3:2; Hch 7:52.
[38] Cfr. Mt 24:3.27; 1 Co 1:8; 1 Ts 2:8.4:14.5:23; 2 Ts 2:1; 1 Tm 6:14; 2 Tm 4:1.8; Tt 2:13; 2 P 3:12; 1 Jn 2:28...

del Hijo de Dios a los hombres, y es a la vez el tiempo en el que por este recuerdo se dirigen las mentes hacia la expectación de la segunda venida de Cristo al fin de los tiempos. Por estas dos razones el adviento se nos manifiesta como tiempo de una expectación piadosa y alegre»[39].

El tiempo de adviento comprende actualmente cuatro domingos. Comienza con las primeras vísperas del domingo más próximo al día 30 de noviembre y termina con las primeras vísperas de Navidad. Las ferias del 17 al 24 de diciembre están orientadas a preparar con mayor intensidad la inminente Navidad[40].

El leccionario aprobado con la reforma litúrgica promovida por el concilio Vaticano II ha enriquecido notablemente el sentido bíblico del tiempo. Tanto los tres ciclos previstos para los cuatro domingos, como las lecturas cotidianas, ofrecen una profunda catequesis acerca del sentido del misterio de Cristo. Mediante su contemplación, la Iglesia, en unión con los justos del Antiguo Testamento y los inmediatos precursores del Nuevo (Juan Bautista, José y María), revive la espera vigilante y gozosa del Salvador; escucha la voz de los profetas que anuncian la venida del Mesías y el inminente advenimiento del Reino de Dios, urgiendo a preparar sus sendas; siente la alegría de la presencia de los tiempos mesiánicos; agradece el inmenso amor del Padre que nos envía a su Hijo; y se empeña para corresponder con la obra del Espíritu Santo.

El adviento es, en síntesis, una llamada anual a la espera vigilante de la venida de Cristo por medio de la oración, y recuerda la vocación del hombre para la vida eterna y su condición de peregrino hacia la definitiva patria celestial.

---

[39] CR 39. • [40] Cfr. CR 40-42.

3.2. El tiempo de Navidad

El *tiempo de Navidad*, también denominado *de la manifestación de la divinidad*, conmemora la encarnación del Hijo de Dios: su nacimiento y sus primeras manifestaciones a los hombres. Comprende el conjunto de celebraciones litúrgicas centradas en torno a las fiestas de *Navidad* y de *Epifanía*. Su estrecha relación con el misterio de la pasión y de la glorificación, centro de la vida litúrgica, ha conllevado que «la Iglesia considere como más venerable, después de la celebración anual del misterio pascual, la memoria de la natividad del Señor y de sus primeras manifestaciones que se realiza en el tiempo de Navidad»[41].

Los primeros testimonios de una celebración litúrgica del misterio de la encarnación de Cristo son del siglo IV y casi simultáneos en la Iglesia de Occidente (Navidad) y de Oriente (Epifanía). Inicialmente, ambas celebraciones tenían un mismo significado: el misterio de la manifestación de la divinidad en la humanidad de Cristo. A raíz de su mutuo contacto, entre finales del siglo IV y principios del siglo V, comenzó su diferenciación: la celebración de la Navidad se reservó para conmemorar el nacimiento del Señor, mientas que la Epifanía celebraba los demás aspectos del misterio, entre los que, según las distintas tradiciones, se incluyeron, además de la primera manifestación a los gentiles, el bautismo de Cristo por Juan y la memoria de Caná de Galilea.

La primera referencia occidental acerca de una celebración litúrgica del *nacimiento de Cristo* se encuentra en el año 354. La fiesta pudo surgir como cristianización de una superstición pagana popular (*dies natalis solis invicti*, fiesta del solsticio de invierno, el 25 de diciembre[42]), o nacer en íntima dependencia

---

[41] CR 32.
[42] Como tal fiesta, fue establecida por el emperador Aureliano el año 274.

con una tradición cristiana previa[43] (datar la creación, la pasión y el inicio de la redención —encarnación— en un mismo día, el día 25 de marzo[44]). En cualquier caso, la necesidad de una celebración litúrgica del misterio de la encarnación se había visto acrecentada tras las polémicas con los herejes arrianos, quienes ponían en duda la divinidad de Jesucristo al negar su consubstancialidad con el Padre. Así, en el contexto de las controversias cristológicas del siglo V, la expansión de la fiesta no se hizo esperar y, a finales de esa centuria, su celebración era prácticamente ya universal.

Según el calendario romano actual, la Navidad se extiende durante una octava que incluye las fiestas de la *Sagrada familia, san Esteban protomártir, san Juan evangelista, los santos Inocentes* y la solemnidad de *María, madre de Dios*[45].

Por otra parte, desde tiempos muy remotos, tanto en Oriente como en Occidente —a excepción de la ciudad de Roma y, probablemente, de las provincias africanas—, la Iglesia celebraba el día 6 de enero la manifestación de Dios al mundo, fiesta más tarde conocida como *epifanía*.

En Occidente, la celebración de la Epifanía revistió un triple contenido teológico: manifestación del Dios hecho carne a los gentiles (adoración de los Magos), manifestación de su filiación divina (bautismo en el Jordán) y manifestación del poder de su gloria (primer milagro, en Caná). Hoy día, sin perder su triple dimensión manifestativa, en la Iglesia romana la fiesta gira en torno a la universalidad del designio divino de salvación. En Oriente, con la introducción de la Navidad, la Epifanía perdió su carácter de celebración del nacimiento de Cristo y se centró en la conmemoración del bautismo en el Jordán.

---

[43] Cfr. T.J. Talley, *Le origini dell'anno liturgico...* oc 93-101.

[44] Equinoccio de primavera, antes de la reforma del calendario juliano realizada en el concilio de Nicea el año 325, con el fin de adecuar el desfase de la fiesta de la pascua.

[45] Cfr. CR 35.

El ciclo de Navidad se cierra, en la Iglesia romana, con la fiesta del *bautismo del Señor*. Esta solemnidad conmemora la revelación del nuevo bautismo, la presencia del Verbo de Dios en el mundo, y la constitución mesiánica de Jesucristo. No obstante, tanto por su contenido teológico como por su lugar en el calendario —exigido por necesidades de cómputo a partir del proceso de seriación cronológica de los misterios de Cristo—, también pertenecen al ciclo de la manifestación dos fiestas del Señor vinculadas con la vida de María: la *presentación del Señor y purificación de María* en el Templo y la *anunciación* del Señor.

Hacia el año 386, ya hay constancia de que la fiesta de la presentación se celebraba en Jerusalén, el día 14 de febrero. La fecha, cuarenta días después de epifanía, estaba condicionada por el hecho de que la liturgia jerosolimitana no había adoptado aún el uso romano de la Navidad. Más tarde, cuando esta tradición arraigó, la fiesta se trasladó, lógicamente, al día 2 de febrero.

Es probable que ya en el siglo IV se celebrara la fiesta de la anunciación en Palestina, pues en aquellas fechas se levantó una basílica en el lugar donde la tradición emplazaba la casa de María. Por otra parte, si como parece, la Navidad nació vinculada con la primitiva tradición de datar la encarnación el día 25 de marzo, no es difícil que tal día recibiera un culto litúrgico.

La teología del tiempo de navidad es muy completa. La venida del Hijo de Dios en la carne, conmemorada por el misterio natalicio, se concreta en el nacimiento de Cristo y en los acontecimientos de su infancia. Los textos litúrgicos aluden a la dimensión salvífica del misterio de la encarnación y subrayan, entre otros, los siguientes aspectos: a) *el misterio de Dios hecho hombre*, no sólo como conmemoración de un acontecimiento histórico, sino también como manifestación del misterio insondable de la misericordia de Dios; b) la *gloria de Dios* que se abaja en la humildad de la carne; c) el *admirable comercio de Dios con el hombre*, por el que la Iglesia celebra los «desposorios» de Dios con el hombre y la incorporación de todos los hombres a Dios a través de la humanidad del redentor; d) la *regeneración del hombre*, pues el nacimiento del Dios hecho hombre permite a los hombres ser engendrados a la vida de la gracia y convertidos en hijos de Dios.

Por todo esto, el *tiempo de navidad* contiene un auténtico tesoro de vida espiritual para los fieles. La navidad no presenta un hecho histórico como algo pasado o lejano, sino actualizado litúrgicamente: el Hijo de Dios hecho hombre sale al encuentro de la humanidad para hacerla partícipe de su filiación divina. La contemplación del misterio de la navidad recuerda que todos los hombres están llamados a formar parte de la familia de Dios, la Iglesia. El Dios eterno que entra en la historia invita a descubrir y contemplar los valores de eternidad que se encierran en las actividades corrientes y cotidianas de la existencia. La gloria de Dios oculta en la debilidad de la carne revela la dignidad de toda persona, especialmente de los más desvalidos: no nacidos, niños, pobres, enfermos, ancianos... La vida nueva de la filiación divina llama a ser testigos, ante el mundo, de la gracia que inhabita en los corazones de los fieles.

4. El tiempo ordinario

El tiempo ordinario, *tempus per annum*, comprende las treinta y tres o treinta y cuatro semanas del año litúrgico que no conmemoran ningún aspecto particular del misterio de Cristo, sino que celebran el designio divino de salvación en su globalidad. Por eso, el tiempo ordinario constituye el momento del año litúrgico que mejor refleja el carácter teológico del entero ciclo anual. Debido a su naturaleza, gira en torno a la celebración del domingo, fiesta que conmemora la totalidad del misterio de la gracia divina[46].

---

[46] Cfr. CR 43.

Además de los domingos y días feriales, siete fiestas del Señor jalonan el tiempo ordinario. Comunes a todas las familias litúrgicas son la *Transfiguración* (6 de agosto) y la *Exaltación de la santa cruz* (14 de septiembre), mientras que son propias de la tradición romana la *Dedicación de la basílica del Salvador* (Letrán; 9 de noviembre), el domingo de la *Santísima Trinidad,* las fiestas del «*Corpus Christi*» y del *Sagrado Corazón* y el *domingo de Cristo Rey,* último del año litúrgico. Además, están dentro del tiempo ordinario las fiestas ya mencionadas de la *Presentación* y de la *Anunciación* del Señor[47]. Dentro de este tiempo, se celebran también los periodos de rogativas y de *cuatro témporas,* días en los que la Iglesia clama por las necesidades de los hombres, principalmente por los frutos de la tierra y del trabajo humano, a la par que da públicamente gracias a Dios[48].

El tiempo ordinario constituyó la primera institución del año litúrgico de la Iglesia. En efecto, la celebración del domingo, *el día del Señor*[49], como centro semanal de la vida eclesial es previa a la formación de los ciclos estacionales.

El ciclo ordinario despliega el misterio pascual de Cristo de manera progresiva y profunda. Los fieles encuentran así un camino para la comprensión gradual del designio de salvación, siguiendo su anuncio a través de las lecturas veterotestamentarias, y su cumplimiento en Cristo, por medio de la proclamación del evangelio y de su interpretación apostólica.

Esta globalidad teológica no significa monotonía: una vez glorificado el Señor y recibido el Espíritu que informa y vivifica, la Iglesia contempla la situación de su caminar en la historia. El tiempo ordinario recuerda, por tanto, que, hasta su segunda venida, Cristo sigue presente en el mundo. La vida ordinaria, los días aparentemente siempre iguales —*efímeros,*

---

[47] Además, en España se introdujo, en 1973, la fiesta de *Jesucristo, Sumo y Eterno Sacerdote,* que se celebra el jueves siguiente a Pentecostés.
[48] CR 45. • [49] Vid. DD.

según su significado etimológico— no son instantes fugaces o momentos sin un sentido trascendente, sino ocasiones de encuentro con el Espíritu difundido en pentecostés, y anticipación del triunfo total de Cristo al final de los siglos.

Siguiendo el curso del misterio de Cristo a través del evangelio, el tiempo ordinario propone a los fieles la vida y palabras del Señor como modelo no sólo para los grandes momentos de su existencia, sino también, y especialmente, para los pequeños acontecimientos que entretejen la realidad diaria. El tiempo ordinario celebra así la vida cotidiana como medio de santificación: la vida familiar, las relaciones sociales, el trabajo se convierten en ocasiones de encuentro con Cristo y de práctica del cortejo de virtudes que acompañan la existencia del cristiano: caridad, justicia, pureza de corazón, espíritu de oración...

5. Las celebraciones de los santos

«La Iglesia introdujo en el círculo anual el recuerdo de los mártires y de los demás santos que, llegados a la perfección por la multiforme gracia de Dios, y habiendo ya alcanzado la salvación eterna, cantan la perfecta alabanza a Dios en el cielo e interceden por nosotros»[50].

El año litúrgico celebra una sola realidad: el misterio de Cristo. La inclusión en su calendario de las celebraciones de los santos no significa la presencia de dos ciclos independientes, paralelos o, menos aún, contrapuestos; ni tampoco supone un menoscabo del único misterio de Cristo. Al contrario, la liturgia celebra las fiestas y memorias de los santos precisamente por su unión con el misterio pascual: «al celebrar el tránsito de los santos de este mundo al cielo, la Iglesia proclama el misterio

---

[50] SC 104.

pascual cumplido en ellos, que sufrieron y fueron glorificados con Cristo, propone a los fieles sus ejemplos, los cuales atraen a todos por Cristo al Padre y por los méritos de los mismos implora los beneficios divinos»[51].

5.1. María en el año litúrgico de la Iglesia

Entre las celebraciones del santoral, María, la Madre del Señor, ocupa un puesto eminente. El nuevo calendario, promovido por el concilio Vaticano II, considera que las fiestas marianas son un reflejo de las fiestas del Señor: «al celebrar el misterio de Cristo durante el curso del año, la Iglesia venera también con amor particular a Santa María, Madre de Dios»[52].

El fundamento teológico de la preeminente presencia de María en el año litúrgico se encuentra en su estrecha unión con el misterio de Cristo. «En la celebración de este círculo anual de los misterios de Cristo, la santa Iglesia venera con amor especial a la bienaventurada Madre de Dios, la Virgen María, unida con lazo indisoluble a la obra salvífica de su Hijo; en Ella, la Iglesia admira y ensalza el fruto más espléndido de la redención y la contempla gozosamente, como una purísima imagen de lo que ella misma, toda entera, ansía y espera ser»[53].

No existe, pues, un ciclo mariano. La Iglesia conmemora a María en el ciclo anual de los misterios del Señor. De este modo, el actual calendario litúrgico valora cada una de las celebraciones marianas según su grado de asociación con la obra de Cristo. Además de las tres grandes solemnidades: *santa María, madre de Dios, Inmaculada concepción* y *Asunción de nuestra Señora*, se celebran las fiestas de la *Visitación* y de la *Natividad de*

---

[51] SC 104. • [52] CR 8. • [53] SC 103.

María, así como distintas memorias. Cabe también destacar el carácter mariano del tiempo de la manifestación del Señor.

Casi todas las fiestas de María tuvieron su origen en Oriente, para extenderse más tarde por el orbe hasta llegar a Roma, más reacia en aceptarlas. Tal devoción es tributaria de las tradiciones que surgieron en Jerusalén durante los siglos IV-VI en memoria de los acontecimientos y lugares que, según los escritos neotestamentarios y algunos textos apócrifos, conocieron la presencia mariana.

Ya poco antes de la proclamación dogmática del concilio de Éfeso, el día 15 de agosto se celebraba en Jerusalén la «memoria de santa María». Poco a poco, la memoria genérica se convirtió en la celebración del *dies natalis* (final de la vida en la tierra) de María: la *dormitio*. A finales del siglo V, era ya conocida una celebración de la *dormición de María* en Getsemaní, donde, según la tradición, se veneraba el lugar de su tránsito a los cielos. A finales del siglo VI, la fiesta se extendió a todo el Imperio bizantino.

También durante esta centuria, el día 8 de septiembre comenzó a celebrarse en Jerusalén como fiesta de la *natividad de María*. Probablemente, la fiesta surgió como dedicación de una basílica erigida en honor de María, en el lugar indicado por la tradición.

Otra fiesta de origen jerosolimitano es la *presentación de María en el Templo*, acontecimiento transmitido por la literatura apócrifa. También en este caso, la celebración nació a partir de la dedicación de una iglesia: la basílica de santa María la Nueva, consagrada el 21 de noviembre del año 543.

Tales fiestas, más algunas otras, también de origen oriental, que celebraban conjuntamente a Cristo y María (*presentación de Jesús en el Templo y anunciación del Señor*), fueron admitidas por la Iglesia romana a partir de mediados del siglo VIII.

Antes de que adoptara dichas festividades, la Iglesia de Roma celebraba la octava de navidad como día conmemorativo de

María, Madre de Cristo. La fiesta, basada en la tradición de visitar a las jóvenes madres, poco después del parto, para felicitarlas, se desarrollaba mediante una asamblea eucarística en la basílica de *sancta Maria ad Martyres* (antiguo *pantheon*). Una celebración similar, también en el ámbito navideño, se celebraba los días 18 de enero y 18 de diciembre en las Iglesias de las Galias e Hispania, respectivamente.

Más adelante, por influjo galicano, la octava de navidad pasó a celebrar la memoria de la *circuncisión del Señor*. El calendario romano ahora en vigor recuperó la primitiva fiesta, eliminando una celebración que, bajo el mismo título, había instituido en 1931 Pío XI para el día 11 de octubre.

A partir del siglo XI, a la sobriedad de la época clásica sucedió la multiplicación de fiestas locales, hasta llegar a un auténtico ciclo mariano, independiente de los ciclos estacionales del misterio de Cristo y desligado del año litúrgico: meses dedicados a María, sábados... La mayor parte de esas fiestas no fueron incorporadas oficialmente en el calendario hasta después de la reforma tridentina; de hecho, el calendario romano de 1568 tan sólo introdujo la celebración de la dedicación de la basílica de *sancta María ad Nives* (Santa María la Mayor). En los siglos XVII y XVIII, bajo el influjo de la piedad particular de órdenes y congregaciones religiosas, se añadieron muchas conmemoraciones marianas de *devoción* al calendario universal de la Iglesia.

Mucho antes de la proclamación del dogma de la *Inmaculada concepción*, en 1854, ya durante el siglo VIII, se conmemoraba en Oriente una fiesta de la *concepción* de la Virgen que, una centuria más tarde, se incorporó a los calendarios de la Iglesia de Irlanda y de la liturgia hispánica. La Iglesia romana asumió dicho título desde el siglo XV, estableciendo una fiesta particular en 1708. Por último, a lo largo del siglo XX, han surgido nuevas festividades marianas, generalmente incorporadas al calendario como memorias.

5.2. Celebraciones de los santos

Los cristianos de la era apostólica sepultaban a los *héroes* de la fe con la debida reverencia y honor[54]; pero las primeras noticias acerca de un culto a los *mártires*, si bien aisladas, se remontan a mediados del siglo II[55]. Habrá que esperar hasta mediados del siglo III para que los documentos sean más explícitos y frecuentes[56].

Pese a su brevedad, los primeros testimonios sobre el culto martirial contienen indicaciones precisas acerca de la veneración de las reliquias y la asamblea de la comunidad en el lugar de enterramiento para celebrar el *dies natalis* o aniversario del martirio mediante el banquete eucarístico, con el fin de que los participantes fortalezcan su fe en un tiempo de prueba. Modo de celebrar su memoria que la Iglesia, desde entonces, vivirá para siempre. Muy pronto, la piadosa tradición de reunirse junto a sus reliquias, en lugar y día precisos, se denominó «celebrar la *memoria*».

Originalmente, el culto a los mártires revestía un carácter local. No obstante, muy pronto, las distintas Iglesias, orgullosas de sus héroes, se hacían partícipes unas a otras de sus gestas, llegando a trasladar, intercambiar o repartir sus reliquias. Este hecho contribuyó a convertir la celebración del aniversario de determinados mártires en un culto de ámbito universal. Por otra parte, tal costumbre llevó a la composición de los primeros calendarios: elencos que recogían el nombre, *dies natalis* y lugar de descanso de las reliquias del mártir.

---

[54] Cfr. Hch 8:2.

[55] La primera referencia históricamente cierta del culto martirial se encuentra en una epístola de la Iglesia de Esmirna donde se narra el martirio del obispo Policarpo en el año 156.

[56] La primera mención de la Iglesia de Occidente se contiene en la correspondencia de Cipriano, obispo de Cartago (210-258).

Poco a poco, tal forma de culto se extendió también a aquellos fieles que, sin ser directamente ejecutados, llegaron a confesar la fe hasta la muerte, bien en la cárcel, bien en el exilio o a consecuencia de la condena: *confesores*. Terminada la época de las persecuciones, se equiparará con los mártires y confesores a los cristianos virtuosos que durante su vida combatieron victoriosamente contra el misterio de la iniquidad: surgió así el culto a los grandes obispos, vírgenes, ascetas...

A finales del siglo IV, el calendario romano contenía ya un elenco de santos mártires y confesores muy desarrollado, con más de cincuenta mártires y doce romanos pontífices. Con el transcurso de los siglos, ante la masiva incorporación de nuevos nombres en el elenco de los santos, el concilio Vaticano II propuso —como ha quedado reseñado— que sólo se extendieran a toda la Iglesia las celebraciones que conmemorasen figuras de relieve universal, reservando las demás memorias para el culto de las Iglesias locales.

Los formularios del santoral en vigor ofrecen una buena síntesis entre los mejores elementos de la gran tradición romana y la sensibilidad teológica de nuestros días, y reflejan la concepción que la Iglesia posee acerca de la santidad: celebrar la memoria de los santos no distrae de la atención debida al misterio pascual de Cristo, sino que acerca a los fieles a su núcleo mismo, en compañía de la mejor guía, aquellos hermanos en la fe que con sus vidas lo han reproducido. De aquí la importancia de celebrar la memoria de quienes han conocido unas condiciones históricas similares a las actuales; motivo, entre otros, tanto para el esfuerzo de elevar a los altares a santos contemporáneos, como para seguir una periódica labor de revisión del ciclo santoral.

Capítulo X
VIDA LITÚRGICA

La vida cristiana es un camino de santidad, de progresiva unión con Dios, que culmina en la plenitud de amor y visión de la eterna bienaventuranza: la comunión trinitaria en la gloria. Es un camino fundado en el misterio de Cristo, el Hijo enviado al mundo por el Padre y encarnado por obra del Espíritu; único mediador entre Dios y los hombres. Esta mediación encuentra su momento culminante en el misterio pascual de su muerte y resurrección, cuando Cristo ofrece su vida al Padre y entrega al mundo su Espíritu de comunión.

Los cristianos, rescatados del pecado por su participación en el sacrificio pascual de Cristo, son constituidos para ofrecer su propia existencia como sacrificio vivo, santo y agradable a Dios. Así lo dice san Pedro: «al acercaros a Él, piedra viva desechada por los hombres pero escogida y preciosa delante de Dios, también vosotros, como piedras vivas, sois edificados como edificio espiritual para un sacerdocio santo, con el fin de ofrecer sacrificios espirituales, agradables a Dios por medio de Jesucristo»[1].

Esto quiere decir que toda la vida cristiana se funda en participar en el misterio pascual de Cristo. La existencia cristiana es,

---

[1] 1 P 2:4-5.

por tanto, una llamada a la configuración y conformación con el misterio pascual de Cristo, para avanzar mediante el Espíritu hacia la plena comunión con el Padre. Cristificación y espiritualización son, pues, dimensiones inseparables de un mismo proceso existencial. Decir vida *cristiana* equivale, por tanto, a decir vida *espiritual*, porque no existe otro espíritu de vida que el Espíritu de Cristo, y no existe otro Cristo que el ungido por el Espíritu. De este modo, incorporado al misterio de Cristo por obra del Espíritu, el fiel *cristifica* su existencia; y sumergido en el Espíritu de vida por su unión con el misterio de Cristo, la *espiritualiza*[2].

Ahora bien, como la liturgia consiste en la actualización perenne del misterio de Cristo, la vida espiritual del cristiano encuentra sus raíces en ella. La liturgia es, por tanto, la fuente de la vida de comunión con el Dios trinitario en la propia existencia; conciencia que la Iglesia expresa en su oración litúrgica: «concédenos realizar en la vida cuanto celebramos en la fe»[3].

En el contexto de la renovación espiritual acaecida en la Iglesia del siglo XX, también para san Josemaría Escrivá de Balaguer, la liturgia es, ante todo, *vida*: participación existencial en el misterio de la eterna e infinita comunión trinitaria en la mediación de la celebración del culto eclesial: «no olvides —repetirá en más de una ocasión— que la vida litúrgica es vida de amor: amor a Dios Padre, por medio de Cristo Jesús, en el Espíritu Santo, con toda la Iglesia, de la que tú formas parte»[4]. No es de extrañar, por tanto, que la liturgia constituyera, ya desde los primeros años de su sacerdocio, el centro de su interés vital, espiritual y doctrinal: «esta mañana —anota en 1931, en

---

[2] Cfr. A.M. Triacca, *De la renovación a la espiritualidad litúrgica*: «Cuadernos Phase» 52, Barcelona 1994, 54.

[3] Colecta del viernes de la octava de Pascua.

[4] Josemaría Escrivá, cit. en A. Livi, *Renovación litúrgica*: «Cristianos corrientes. Textos sobre el Opus Dei», Rialp, Madrid 1970, 104.

uno de sus cuadernos de apuntes íntimos— pedí a Jesús [...] que me enseñe a vivir la Liturgia sagrada»[5].

La vocación cristiana consiste, pues, en vivir plenamente el misterio pascual en la propia existencia cotidiana, morir y resucitar diariamente con Cristo para ofrecer así al Padre el sacrificio agradable. De ahí que la liturgia, en cuanto presencia actual del misterio pascual de Cristo, sea según el concilio Vaticano II, la cumbre y fuente de la vida de la Iglesia y de los fieles[6]: «es el misterio de Cristo —recuerda el Catecismo de la Iglesia— lo que la Iglesia anuncia y celebra en su liturgia para que los fieles vivan de él y den testimonio del mismo en el mundo»[7].

1. La liturgia, fuente y culmen de la vida cristiana

La liturgia es, por consiguiente, fuente de vida en Cristo por el Espíritu o, si se prefiere, fuente de vida en el Espíritu de Cristo. La vida cristiana nace de las celebraciones sacramentales de la Iglesia: «mediante los sacramentos de la iniciación cristiana se ponen los fundamentos de toda la vida cristiana»[8]. Por la participación bautismal en el misterio pascual de Cristo, los fieles nacen a la comunión con la naturaleza divina; por la confirmación, reciben la plenitud del don del Espíritu, y mediante la eucaristía, el fiel cristifica y espiritualiza su existencia: «por medio de estos sacramentos de la iniciación cristiana, los fieles reciben cada vez con más abundancia los tesoros de la vida divina y avanzan hacia la perfección de la caridad»[9].

---

[5] Josemaría Escrivá, *Apuntes íntimos*, nº 431 (29-XI-1931), cit. en P. Rodríguez, *Josemaría Escrivá de Balaguer: Camino*, edición crítico-histórica, Rialp, Madrid 2002, 651.

[6] Cfr. SC 10. • [7] CCE 1068. • [8] CCE 1212.

[9] Pablo VI, constitucióm apostólica *Divinae consortium naturae* (15-VIII-1971).

Si la liturgia es, ante todo, comunicación de vida, el *ritualismo* —la actitud superficial de exterioridad y apariencia, sin adentrarse en el misterio que da vida— es su deformación, al no comprometer la existencia personal de cada día y olvidar que «la liturgia me remite a la vida cotidiana, a mí en mi experiencia personal»[10].

Cuando se separa de la experiencia ordinaria, donde la genuina piedad —la conciencia *litúrgica* de ser hijos del Padre, en Cristo, por el Espíritu Santo— se convierte en vida, el rito se agosta, se encierra en sí mismo y se transforma en *rutina*. La experiencia rutinaria malogra la vocación *eucarística* del existir cristiano hacia la total identificación sacramental con el Verbo encarnado y su *misterio* pascual: «la simultaneidad con la pascua de Cristo que tiene lugar en la eucaristía de la Iglesia es, después de todo, también una realidad antropológica. La celebración no es sólo un rito, no es sólo un «juego» litúrgico, pues quiere ser transformación de mi existencia en dirección al *logos*, simultaneidad interna entre mi yo y la entrega de Cristo. Su entrega quiere convertirse en la mía para que se consume la simultaneidad y se lleve a cabo el hacerse igual a Dios»[11].

Por el contrario, cuando la liturgia es comprendida en toda su hondura teológica, y su celebración es *experiencia* viva que compromete la vida personal, la liturgia obra en los fieles el despliegue *eucarístico* de su existencia, hasta la cristificación completa: «*alter Christus, ipse Christus*»[12]; de manera que, «constituidos sacerdotes de la propia existencia»[13], puedan convertir todos los instantes de la jornada en una «eucaristía continua»[14].

---

[10] J. Ratzinger [2001] 80.
[11] J. Ratzinger [2001] 80.
[12] Josemaría Escrivá, *Es Cristo que pasa* 96.
[13] *Ibid.*
[14] Cfr. Josemaría Escrivá, *Sacerdote para la eternidad* (Homilía, 13-IV-1973): «Amar a la Iglesia», Madrid 1986, 80.

«Precisamente por el hecho de que la verdalera *acción* litúrgica es actuación de Dios, la liturgia de la fe va siempre más allá del acto cultual, dándole un vuelco a la cotidianeidad, que, a su vez, se convierte en *litúrgica*, en servicio para la transformación del mundo»[15].

Al mismo tiempo, la vida cristiana también tiende hacia la liturgia. La liturgia es cumbre de la vida espiritual, pues el fin último de la existencia cristiana es celebrar la gloria de Dios; glorificación del Padre en el Espíritu que sólo acontece en el misterio del Hijo encarnado, muerto y resucitado, sacramentalmente presente en las celebraciones del culto: «la espiritualidad litúrgica tiende a convertir a cada fiel en una custodia viviente del Dios vivo, en medio de hombres vivos, para deducir de la vida y de todo el cosmos una incesante doxología al Padre, al Hijo y al Espíritu Santo, como era en el principio, ahora y siempre»[16].

La existencia del cristiano es, pues, una existencia litúrgica y, en este sentido, el catecismo de la Iglesia afirma que «la vida moral es un culto espiritual [...] En la liturgia y en la celebración de los sacramentos, plegaria y enseñanza se conjugan con la gracia de Cristo para iluminar y alimentar el obrar cristiano»[17].

Una característica propia de la existencia cristiana vivida en la liturgia es su sentido de comunión con el Dios trinitario: una vida que en cada fiel nace del Padre, por Cristo en virtud del Espíritu Santo (dimensión descendente, de Dios a los hombres), y una vida que en el Espíritu Santo, por Cristo, está llamada a la glorificación eterna del nombre del Padre (dimensión ascendente, de los hombres a Dios).

La existencia cristiana es, pues, «litúrgica», nacida en y desde la celebración y tendente a ella, y vivida en las circunstancias

---

[15] J. Ratzinger [2001] 200.
[16] A.M. Triacca, *De la renovación...* 54.
[17] CCE 2031.

peculiares de la propia condición eclesial. Vida cristiana y vida espiritual son siempre, por tanto, vida *litúrgica* que, más allá de la participación en los ritos de culto, se actualiza en la existencia diaria. De aquí que no sea posible una vida espiritual sin referencia explícita a las celebraciones sacramentales del culto. Y una determinada *espiritualidad* —entre las muchas existentes en el seno de la Iglesia—, para que sea perenne y vital, ha de acercarse en su estilo, en su método y en sus formas a la *espiritualidad litúrgica*[18].

1.1. *Eucaristía y espiritualidad cristiana*

Lo dicho hasta ahora subraya el carácter central del misterio eucarístico en la vida espiritual de los fieles. En la celebración eucarística, el cristiano encuentra la fuente y la cima de su existencia. «En el sacramento de la eucaristía —escribía Juan Pablo II— el Salvador, encarnado en el seno de María hace veinte siglos, continúa ofreciéndose a la humanidad como fuente de vida divina»[19]. Al participar del misterio de salvación pascual de Cristo, el cristiano, como miembro de la Iglesia, entra personalmente en comunión con el misterio de vida del Dios trinitario.

Por eso, la eucaristía no es un medio más entre los varios que facilitan al cristiano la progresiva identificación con Jesucristo y la comunión de vida con el Padre. Antes bien, la eucaristía es realmente *el centro y la raíz* de la vida espiritual. En torno al misterio eucarístico, giran y se nutren los demás sacramentos, las prácticas de oración, el espíritu de penitencia, el ejercicio de las virtudes…, en resumidas cuentas, todo lo que constituye la existencia del cristiano.

---

[18] Cfr. A.M. Triacca, *De la renovación…* 47.
[19] TMA 53.

Más en particular, la vida de oración, que mediante el amor generoso al prójimo y la contemplación lleva a la íntima comunión con Dios, se alimenta de la eucaristía y en ella encuentra su máxima expresión. La entrega que, en su celebración, el Padre hace de su Hijo encarnado por medio del Espíritu es la mayor prueba del amor y de la cercanía que Dios desea tener con cada hombre. En esos momentos, el fiel que responde con toda la generosidad y amor de que es capaz, alcanza, movido por el Espíritu, las más altas cotas de intimidad con la vida de comunión trinitaria.

Pero, por otra parte, el mejor sacrificio de alabanza que el cristiano puede ofrecer a Dios es el mismo sacrificio de su Hijo Jesucristo, que en la celebración eucarística es también sacrificio de toda la Iglesia y de cada uno de los fieles, miembros de su único Cuerpo, y partícipes de su cuerpo y sangre entregados por la salvación de los hombres y para la gloria del Padre. Más aún, toda la vida del cristiano debe convertirse, a partir de la celebración, en una eucaristía: la propia existencia en el mundo *vale* ante Dios en la medida en que el Espíritu la une al sacrificio de Cristo para presentarla ante el Padre.

Estas verdades se comprenden bien cuando la participación en los divinos misterios de la liturgia se entiende como lo que es: un encuentro sacramental, objetivo y eficaz, con el acontecimiento salvador de Cristo, que transforma y renueva al fiel, haciéndolo partícipe de su vida en el Espíritu. Todo cristiano, por muy débil que se experimente, puede entrar en sus obras en comunión con el Padre, porque en su mismo *ser litúrgico* ya ha alcanzado esa comunión como realidad sacramental.

2. Participación de los fieles en la liturgia

Durante los últimos años, se ha puesto de relieve que la noción de *participación* ha sido elemento común de las distintas corrientes que confluyeron en los debates del último concilio: «el concilio Vaticano II propuso como idea directriz de la celebración litúrgica la expresión *participatio actuosa*, la participación activa de todos en el *opus Dei*, es decir en el culto divino»[20].

Efectivamente, el principio de la «participación activa», enunciado por san Pío X[21] como una de las claves de su pontificado, encontró muy pronto eco en sucesivas medidas acordadas por la autoridad eclesial: anticipación de la edad de la primera comunión, incremento de la comunión frecuente, posibilidad de celebrar misas vespertinas, renovación del triduo pascual...; al mismo tiempo que sus presupuestos doctrinales resultaban progresivamente perfilados por distintos documentos magisteriales. Y de hecho, hoy día, la frase *participación activa*, sin más especificaciones, se asocia de inmediato a la *liturgia*. Ahora bien, por eso mismo se requiere un esfuerzo para superar toda posible confusión: «el substantivo *participatio*-participación crea, o puede crear [...] no una clarificación, sino más bien oscuridad, ya que el término se usa con diferentes y diversificados significados»[22].

La constitución conciliar *Sacrosanctum Concilium* aborda la participación de los fieles en la liturgia de forma reiterada, entendiéndola no como un aspecto más de la pastoral litúrgica, sino como presupuesto mismo de la noción de *culto*. En el documento, la participación «consciente, plena, activa y fructuosa» es contemplada como una exigencia «de la naturaleza

---

[20] J. Ratzinger [2001] 195.

[21] «Siendo, en verdad, nuestro vivísimo deseo que el verdadero espíritu cristiano vuelva a florecer [...] en su primer e insustituible manantial, que es la participación activa en los santos misterios»: Pío X, motu proprio *Tra le sollicitudine...* 36.

[22] A.M. Triacca, *«Partecipazione»: quale aggetivo meglio la qualifica in ambito liturgico*: en A. Montan-M. Sodi (a cura di), *Actuosa participatio: conoscere, comprendere e vivere la liturgia*, Librería Editrice Vaticana, Città del Vaticano 2002, 573.

misma de la liturgia», fundada en el carácter sacerdotal de todo bautizado y, por tanto, supuesto de «derechos y obligaciones» sacramentales[23]. El Concilio, de hecho, expresa un *ideal* pastoral (la participación litúrgica plena, consciente y activa) con sus *consecuencias prácticas* (derechos y deberes), y además establece sus fundamentos teológicos: su *fuente* (el sacerdocio bautismal) y su *motivación íntima* (la naturaleza misma de la liturgia)[24].

En efecto, si la liturgia se entiende como celebración (manifestación, presencia y comunicación) del misterio de Cristo para la vida de los fieles[25], la participación es una exigencia constitutiva de la misma liturgia: no se reduce a un elemento accesorio u ornamental de la celebración, ni a un ideal o meta de la acción pastoral, sino que resulta condición necesaria del hecho litúrgico.

Pero para comprender bien en qué consiste la participación, hay que superar, al menos, dos posibles tentaciones: reducir el acontecimiento litúrgico a sola celebración, y considerar la participación de los fieles a reducida a aspectos externos y funcionales.

El Card. Ratzinger afirmaba: «este concepto [participación] ha experimentado después del concilio una simplificación fatal. Daba la impresión de que sólo existía participación activa allí donde se daba una actividad externa constatable (hablar, cantar, predicar, asistir al sacerdote en la liturgia)»[26]. La misma conclusión extraía otro autor: «especialmente desde la década posconciliar hasta hoy, se han extendido progresivamente algunas concepciones eficientistas, paras las que la *actuosa participatio* se superpone (hasta confundirse) con la participación ex-

---

[23] Cfr. SC 11 y 14.
[24] Cfr. A.M. Triacca, *Participación*: NDL 1551.
[25] Cfr. CCE 1068 y 1076.
[26] J. Ratzinger, *La fiesta de la fe*, Desclée de Brouwer, Bilbao 1999, 165. El autor encuentra la causa de tal restricción en una mala inteligencia de los artículos 28 y 30 de la constitución conciliar, donde la participación litúrgica se describe con un excesivo acento sobre sus aspectos más externos.

terna, que cada vez más apela a «técnicas de animación» que fomentan el espejismo de conseguir la meta propuesta»[27].

En efecto, en ocasiones, la tan deseada y necesaria renovación litúrgica de la Iglesia se ha confundido con un continuo cambio ritual que, en última instancia, afecta sólo a lo externo y no al interior de los corazones. Así, la liturgia resulta *manipulada*; a expensas del último *descubrimiento creativo* impuesto por las modas del momento y sometida al arbitrio del celebrante «ingenioso» o de la comisión que, con tales modificaciones, justifica su propia existencia.

No parece necesario subrayar la profunda desazón que esa situación genera en la vida de la Iglesia y de los fieles: «no se puede negar que hoy existe un problema litúrgico grave [...] Existe un malestar insoslayable. ¿Cómo remediarlo? Algunos dicen que tenemos que *modernizar* más la reforma, dando más espacio a la creatividad, pero al final sólo queda la arbitrariedad de un grupo de la comunidad que toma en sus manos estas *actividades*. Y la liturgia se queda cada vez más vacía»[28].

Bajo este modo de actuar se esconde, aunque pueda parecer paradójico, un desprecio de la *participación litúrgica*, que es sustituida por un nuevo *clericalismo*, donde el *existencial litúrgico* de todo fiel en cuanto bautizado queda reducido a su simple, pero absoluta, *condición ministerial* respecto al sacerdote celebrante. En consecuencia, la asamblea litúrgica se divide en unos cuantos *actores* y una masa de *asistentes* pasivos que, en ocasiones, hastiados, pueden terminar alejándose de los misterios de culto: «es evidente que, en tales casos, se han desatendido tanto el concepto cuanto la realidad de la participación en la celebración. Aquí se entiende por participación una implicación sólo periférica (y nos atreveríamos a decir epidérmica) de

---

[27] A.M. Triacca, *«Partecipazione»: quale aggetivo...* 575
[28] J. Ratzinger, *Ser cristiano en la era neopagana*, Encuentro, Madrid 1995, 184.

los fieles en la acción litúrgica. Se trata de una participación meramente externa, aunque de nuevo cuño ritualista, formal. Una vez perdido el mordiente de la novedad, tal participación, ligada a la rutina, acaba por volverse rancia. De aquí una desafección a la acción litúrgica»[29].

Las claves para superar este círculo vicioso se encuentran tanto en una comprensión que tenga en cuenta todas las dimensiones teológicas de la realidad litúrgica, como en una adecuada inteligencia de la participación activa, que hunda sus raíces en la naturaleza del sacerdocio bautismal de todos los fieles[30]. En otras palabras, la participación en la liturgia debe ser contemplada a partir de la relación existencial que la celebración establece entre el fiel y el misterio de Cristo manifestado, presente y comunicado por la acción de culto.

En efecto, la *participación en la celebración* constituye la mediación necesaria para la *participación en la vida trinitaria*, donada precisamente en las celebraciones sacramentales del culto de la Iglesia[31]. «Es mediante la celebración como se capta interiormente, en la fe, la acción redentora de Cristo resucitado, presente en virtud del Espíritu Santo. Haciendo propia tal acción redentora, se construye en cada fiel la santidad. Sólo ofreciendo a la Santísima Trinidad la santidad originaria desde la participación en la celebración memorial de Cristo, cada fiel puede tributar el verdadero culto de adoración, en espíritu y verdad, que Dios espera desde siempre de los hombres»[32].

De aquí que el *alma* de la *actuosa participatio* no deba buscarse tanto en sus manifestaciones externas, sino en la comunión de vida entre Dios y el fiel cristiano, propia del acontecer

---

[29] A.M. Triacca, *Participación...* 1557.
[30] Cfr. CCE 1546-1547.
[31] Cfr. A.M. Triacca, «*Partecipazione*»: *quale aggetivo...* 575.
[32] A.M. Triacca, *Participación...* 1546.

litúrgico: «esto supone que, en el terreno de la participación litúrgica, que debería ser en lo más profundo *participatio Dei*, participación en Dios —y, por tanto, en la vida, en la libertad—, la interiorización ocupa un lugar prioritario»[33].

Para evitar toda posible confusión acerca de la *actuosa participatio* propuesta por el magisterio, parece necesario sostener, al menos, cuatro principios; dos referentes a la liturgia en sí misma y dos referidos al sujeto litúrgico:

a) la *liturgia* no se agota en la celebración, sino que nace del «misterio» (el acontecimiento salvífico de Cristo en todas sus implicaciones teológicas) y continúa en la vida del fiel[34];

b) la *celebración litúrgica*, momento privilegiado del acontecer litúrgico-sacramental, no se reduce a su dimensión ritual, sino que es un hecho teológico-salvífico que exige la presencia y acción trinitarias: celebrar es manifestar, hacer presente y comunicar «aquí» y «ahora», en la mediación del rito, el misterio de la salvación cumplido en Cristo;

c) la *participación litúrgica* de los fieles, en cuanto ejercicio del sacerdocio bautismal, no se limita a la sola celebración —aun cuando ésta sea su fuente y culmen—, sino que se vive en la entera existencia cotidiana[35];

---

[33] J. Ratzinger, *La fiesta...* 96-97.

[34] Tal reducción constituiría la tentación *panliturgista*, que al confundir liturgia con celebración otorga a esta última un carácter absoluto que no le corresponde

[35] «Precisamente por el hecho de que la verdadera «acción» litúrgica es actuación de Dios, la liturgia de la fe va siempre más allá del acto cultual, dándole un vuelco a la cotidianeidad, que, a su vez, se convierte en «litúrgica», en servicio para la transformación del mundo»: J. Ratzinger [2001] 200. Vid. la notable intuición de san Josemaría Escrivá de Balaguer, precursor en este sentido de la comprensión del existir cristiano como existencial litúrgico en J.L. Gutiérrez-Martín, *La vida litúrgica en «Camino» (1932-1939). San Josemaría Escrivá y el movimiento litúrgico*, en J.R. Villar (ed.), «*Communio et Sacramentum». En el 70 cumpleaños del Prof. Dr. Pedro Rodríguez*, Pamplona 2003, 417-434.

d) la *participación en la celebración* es una realidad primariamente existencial y sacramental, no funcional, por lo que no debe confundirse ni identificarse con los ministerios litúrgicos, en sí legítimos.

Con estos presupuestos, sí puede ya afirmarse que la *participación en la celebración de culto* es el principio «catalizador»[36] de todas las dimensiones de la liturgia. En efecto, si la celebración litúrgica es la mediación que integra, simultáneamente, el misterio de salvación trinitario en la vida de santificación y culto de los fieles, y la vida de santificación y culto de los fieles en el misterio trinitario, entonces puede advertirse que es la posibilidad misma de *participar* en la liturgia la condición que evita toda reducción del hecho litúrgico a simple ceremonia. Mediante la celebración, la *participatio* puede llegar a ser participación en la vida divina. Y se entiende que «celebrar» significa la capacidad real del hombre de dar culto a Dios, pero siempre que pase a través del único mediador, Jesucristo. Este *celebrar* tiende a la celebración de los sacramentos, especialmente la eucaristía[37].

Así considerada, lejos de restringirse a mero funcionalismo, la *actuosa participatio* se convierte en la condición necesaria para aquella comunión entre Dios y el hombre que lleva a la transformación existencial de la propia vida en Cristo; conformación-transfiguración del hombre progresiva (bautismo [penitencia] confirmación, eucaristía), y diversificada (sacerdocio, diaconado, matrimonio, vida religiosa, enfermedad...) según los personales carismas y vocaciones, y las peculiares circunstancias existenciales.

---

[36] La expresión se debe a A.M. Triacca, *Participación... 1561.*
[37] Cfr. A.M. Triacca, *«Partecipazione»: quale aggetivo... 577.*

BIBLIOGRAFÍA

1. Textos del Magisterio de la Iglesia

PÍO XII, carta encíclica *Mediator Dei* (20-XI-1947): «Cuadernos Phase» 122, Centre de Pastoral Litúrgica, Barcelona 2002.

CONCILIO VATICANO II, constitución *Sacrosanctum Concilium* (5-XII-1963): «Cuadernos Phase» 141, Centre de Pastoral Litúrgica, Barcelona 2004.

CATECISMO DE LA IGLESIA CATÓLICA (11-X-1992): Asociación de editores del Catecismo, Madrid 1992.

2. Manuales

ABAD IBÁÑEZ, José Antonio-GARRIDO BONAÑO, Manuel, *Iniciación a la liturgia de la Iglesia,* Palabra, Madrid 1988.

ABAD IBÁÑEZ, José Antonio, *La celebración del misterio cristiano,* «Manuales de Teología» 22, Eunsa, Pamplona 1996 [2000].

AUGÉ, Matías, *Liturgia. Historia, celebración, teología, espiritualidad,* «Biblioteca Litúrgica» 4, Centre de Pastoral Litúrgica, Barcelona 1995.

195

FERNÁNDEZ RODRÍGUEZ, Pedro, *Introducción a la Liturgia. Conocer y celebrar*, San Esteban-Edibesa, Salamanca-Madrid 2005.

KUNZLER, Michael, *La liturgia de la Iglesia*, «Amateca» 10, Edicep, Valencia 1999.

LÓPEZ MARTÍN, Julián, *La liturgia de la Iglesia*, «Sapientia Fidei» 6, BAC, Madrid 1994.

MARTIMORT, Aimé-George (dir.), *La Iglesia en oración. Introducción a la liturgia*, «Biblioteca Herder» 58, Herder, Barcelona 1992.

3. Ensayos

ANDRONIKOF, Constantin, *El sentido de la liturgia. La relación entre Dios y el hombre*, Edicep, Valencia 1992.

CASEL, Odo, *El misterio del culto en el cristianismo*, «Cuadernos Phase» 129, Centre de Pastoral Litúrgica, Barcelona 2005.

CORBON, Jean, *Liturgia fundamental. Misterio-celebración-vida*, Palabra, Madrid 2001.

GUARDINI, Romano, *El espíritu de la liturgia*, «Cuadernos Phase» 100, Centre de Pastoral Litúrgica, Barcelona 1999.

RATZINGER, Joseph, *El espíritu de la liturgia. Una introducción*, Cristiandad, Madrid 2001.

VAGAGGINI, Cipriano, *El sentido teológico de la liturgia*, BAC, Madrid 1965.

ESTE LIBRO, PUBLICADO POR
EDICIONES RIALP, S. A.,
MANUEL URIBE 13-15, 28033 MADRID,
SE TERMINÓ DE IMPRIMIR EN
SERVICE POINT, S. A. (MADRID),
EL DÍA 28 DE JULIO DE 2024.